鉄道そもそも話
これだけは知っておきたい鉄道の基礎知識

福原俊一
Fukuhara Syunichi

鉄道そもそも話——目次

はじめに……10

第1章 鉄道一般……13

自動車や船以外は皆、鉄道⁉——鉄道の定義と種類……13

車両を持たない鉄道会社もある——鉄道の運営形態による分類……21

第2章 線路設備……26

レールの幅はどこで測るのか——軌間とは……26

最も急なカーブは半径160m——本線の曲線半径……31

機関車はなぜ急カーブを曲がれるのか——カント・スラックと緩和曲線……33

日本一の急坂は静岡県にある——本線の勾配……36

車両と建造物の安全な関係のために——建築限界……40

線路とはレールのことではない——鉄道線路と軌道中心間隔……46

「枕木」が「まくらぎ」になった理由——レール・まくらぎと分岐器……50

踏切が閉まるまでの時間はわずか15秒——踏切道……………52

第3章　停車場……55

流行歌では「ていしゃば」ですが……——停車場と信号場・停留場・大きな車庫を備えていた新橋停車場——車庫（車両基地）——ホーム幅最低2mの根拠とは——駅の設備とプラットホーム……55

第4章　電気設備……66

こんなに違う直流と交流の電圧——電気鉄道の方式と歴史……66
電車はどうやって電気をもらうのか——電車線路と電車線電圧……71
想像上の鉄道路線……ではありません——架空電車線……74

第5章　信号保安設備……78

合図も標識も信号の仲間——鉄道信号……78
配列の違いはフィロソフィの相違？——自動閉そく式と信号機……83

5

昭和41年に国鉄全線で設置――自動列車停止装置（ATS）………88

新幹線よりも早かった営団地下鉄――自動列車制御装置（ATC）………92

運転士が乗っていない列車もある――自動列車運転装置（ATO）………95

第6章　列車の運転………98

列車と車両はどう違うのか――列車の定義………98

身支度を整えていざ出発進行――列車の運転………102

富士・櫻よりも早かった浪速――列車番号の付け方と列車愛称名………106

列車はバックすることができるのか――列車の運転速度と操縦位置………109

定時運転を実現した先人たち――列車の運転時刻と列車ダイヤ………111

岩沙克次氏に聞く――列車のブレーキ距離600mをめぐって………115

第7章　車両一般……127

人や馬が引いても鉄道車両か――車両の定義と種類

日本初の鉄道は長崎だった――電気車両と内燃車両の歴史……127

車両のサイズは厳格に決められている――車両限界

体重オーバーだった!? 415系電車――車両の重量と走行装置……136

何重にもなっている止めるための仕組み――車両のブレーキ装置……142

創成期から変わらない空気の力――車両のブレーキ装置の種類……145

第8章　車体の構造と車両の装置……153

特急車と通勤車で異なる乗客の体重――車体構造と車体の強度……153

運転できなくなっても列車は止まる――乗務員室の構造と設備……156

前灯・尾灯の正しい名称は――車両の付属装置……161

車両の窓は外側には開かない――客室の構造と設備……164

ドアがない車両も存在する――旅客用乗降口と貫通口……167

大正末期に行なわれた世紀の大事業――連結装置……171

事故を教訓に進化した防災設備——車両の火災対策……174

「オハネフ」の意味とは——車両の表記……178

人間よりも厳しい？定期健診——車両の保全……184

コラム① DMVやBRTは鉄道の範疇か？／19

コラム② 個人でも経営できる鉄道事業と期間限定で行なえる鉄道事業／25

コラム③ 創業期の鉄道建設の恩人エドモンド・モレル／30

コラム④ 線路標の話／39

コラム⑤ 鉄道事業者の電力供給事業／70

コラム⑥ 列車集中制御装置（CTC）と遠隔制御装置（RC）／96

コラム⑦ 複線区間の左側通行／101

コラム⑧ 列車と電車・汽車はどこが違うのか？／105

コラム⑨ 列車番号のMとDの歴史／108

コラム⑩ 線路容量とは／114

コラム⑪ 内燃機関と外燃機関／133

コラム⑫　国鉄時代の重量制限／144
コラム⑬　粘着と滑走・空転／152
コラム⑭　車両連結部の外幌と騒音防止対策／155
コラム⑮　車両用非金属材料の試験方法／177
コラム⑯　国鉄時代の形式の付け方／179
コラム⑰　旅客車の定員について／182

おわりに……188

参考資料・参考文献一覧……190

単語エクスプローラー　この欄では、本文及びコラムで＊印を付けた鉄道用語について、その意味を簡潔に解説しています。また、その用語と関連する用語についても、解説を加えている場合があります。本文・コラムと併せてご覧ください。

はじめに

　鉄道のゲージ（軌間）には1067㎜や1435㎜などの種類があることは、本書を手にした方ならご存じでしょう。しかしどの部分が1435㎜なのか、またどういう理由で採用されたかといううと、分かっているようで分かっていない方も少なくないでしょう。それともう一つ、1067㎜と1435㎜は本文で記したように、3フィート6インチ、4フィート8・5インチの換算値ですが、前者はともかく後者はいかにも中途半端な数値です。4フィート8・5インチとなった理由は諸説ありますが、一例だけ紹介しましょう。鉄道の本家であるイギリスの鉄道創成期のゲージは5フィートでしたが、フランジ（車輪がレール上を回転しながら進むのを誘導するため、車輪の外周に連続して設けられた突起）が外側に付いていたので、ゲージはレール外面距離としていたそうです。この方式ではポイント通過などの都合がよろしくないのでフランジが内面に変更され、ゲージも内面距離に変更されました。当時のレール頭部の幅は1・75インチだったので、ゲージは必然的に5フィート1・75インチ×2＝4フィート8・5インチ（念のため記しますが、1フィートは12インチです）になったということです。

そんな難しい例を出すまでもなく、「鉄道とは」と問われたら、鉄道に関心のある方でも、明快に答えられる人は少ないのではないでしょうか（もちろん「鉄道は金を失う道と書く」とありではありません）。日本の法令文書で、鉄道の種類を規定した文章はあるものの、鉄道そのものの定義を明文化したものは存在しません。三省堂『新明解国語辞典』では「レールの上を車両を走らせ、人・荷物を運ぶ輸送機関の総称」とありますが、レールが存在しない新交通システムや磁気浮上式鉄道、さらにはガイドウェイバスも鉄道の仲間なのでしょうか。それでは近年脚光を浴びているBRTやDMVといった新しい輸送モードは鉄道の仲間なのでしょうか。

本書では鉄道の「きほんのき」から、いわゆるムダ知識まで、鉄道に関心のある方や鉄道業務に携わる方にとって、知っておきたい用語や興味をひきそうな事柄を選び、その背景や歴史などをまじえた鉄道の「そもそも話」を紹介しようと思います。

鉄道は旅客や貨物が乗る（載せる）車両だけでなく、線路設備、停車場、電気設備、信号保安設備、そして実際に列車を走らせる運転、これらのシステムが有機的に結合して運営される「システム工学」です。安全正確な輸送にたゆまぬ努力を続けているシステム工学の奥深さの一端が紹介できれば、という思いで執筆をはじめることにしましたが、筆者の力量不足で定時運転が確保できるか、はなはだ心許ないのですが、ご乗車いただければ幸いです。それでは出発進行！

第1章　鉄道一般

●自動車や船以外は皆、鉄道!?――鉄道の定義と種類

本論に入る前にそもそも「鉄道」という用語の起源を訪ねてみよう。日本に鉄道の存在が広く知られるようになったのは、欧米諸国を視察した福沢諭吉が慶応2（1866）年に著した『西洋事情』が契機で、このなかで「蒸気車トハ蒸気機関ノ力ヲ借リテ走ル車ナリ。車一両ニ蒸気ヲ仕掛ケ、之ヲ機関車トナヅク（中略）四個ノ鉄輪ニテ走ルガユエニ尋常ノ道ヲ行クベカラズ、必ズ之ガ為メ道ヲ平ニシ、車輪ノ当タル所ニ幅二寸厚サ四寸許ノ鉄線二条ヲ填メテ常ニコノ上ヲ往来ス。コレヲ鉄道トイウ」（筆者注：読みやすくするため句読点を追加したほか、一部の旧字体を新字体で表しています）と紹介された。つまり「鉄道」と「機関車」は福沢諭吉が名付け親なの

である。

鉄道に関する基本事項は法律や政令・省令で定められているが、鉄道そのものの定義は法律で明文化されていない。『岩波国語辞典』をひもといてみると鉄道とは「レールを敷いて車両を走らせ、人や物を運ぶ運輸機関の総称」と、『鉄道辞典』（1958年・日本国有鉄道発行）では「軌道を敷設した通路上で動力を用い車両を運転し、人と物とを運搬するもの」と記され、『鉄道ピクトリアル』所収の新・鉄道講座では「広義の鉄道は、地上に固定された特定の軌道上に運転される交通機関の総称、狭義の鉄道は地上に一定の間隔を保って固定されたレールの上に、車輪に支持された車両を用いて機械力で自走できる交通機関」と記されている。

日本の鉄道事業は「鉄道事業法」「軌道法」いずれかの法律に基づいて運営されている。鉄道事業法は国鉄の分割民営化に伴い、それまでの「日本国有鉄道法」と「地方鉄道法」に代わって昭和61年12月に公布された法律で「鉄道事業等の運営を公正かつ合理的なものとすることにより、鉄道等の利用者の利益を保護するとともに、鉄道事業等の健全な発展を図り、もって公共の福祉を増進する」ことを目的としている。鉄道事業法の解説書では鉄道の種類として、

① 普通鉄道（2本のレールに導かれてそのレールの上を車両が走行する鉄道。大部分の鉄道は普通鉄道である）

14

第1章 鉄道一般

跨座式鉄道(東京モノレール)

懸垂式鉄道(千葉都市モノレール)

案内軌条式鉄道(ゆりかもめ)

鋼索鉄道(高尾登山電鉄)

無軌条電車(関電トロリーバス)

浮上式鉄道(愛知高速交通Linimo)

路面電車（都電荒川線）

② 懸垂式鉄道（いわゆるモノレールのうち軌道けたに懸垂して走行するもの）
③ 跨座式鉄道（いわゆるモノレールのうち軌道けたに跨座して走行するもの）
④ 案内軌条式鉄道（いわゆる新交通システムで、側方または中央の案内レールに導かれて走行路を走行するもの）
⑤ 無軌条電車（いわゆるトロリバスであるが、一般道路上を走行するものは含まない）
⑥ 鋼索鉄道（いわゆるケーブルカーで、索条に引っ張られて走行する点が特徴である）
⑦ 浮上式鉄道（主たる区間を浮上して走行する鉄道）
⑧ 前各号に掲げる鉄道以外の鉄道（鉄道であって、②〜⑦に該当しないものをいう）

に分類され、鉄道事業法では上記の②〜⑦は特殊鉄

第1章 鉄道一般

軌道法が適用される名古屋ガイドウェイバス

道と定義されている。新幹線鉄道は普通鉄道に分類されるが、「全国新幹線鉄道整備法」で新幹線鉄道は主たる区間を列車が時速200km以上の高速度で走行できる幹線鉄道と定められている。なお鉄道事業法の解説書には鉄道の概念として「広義の鉄道は自動車・船舶等の交通機関との対比であり、索道・軌道を含む概念である。一方、狭義の鉄道は鉄道事業法及び鉄道営業法において用いられる概念で、索道・軌道を除外した概念である」と記されている。

一方の「軌道(Tramway)法」は、路面電車のように道路に敷設される鉄道に適用されるもので、専用敷に敷設される鉄道とは輸送機関としての性格が異なるが、普通鉄道との境界は厳密ではなく、大阪市営地下鉄のように普通鉄道に軌道法が適用されている例もあるほか、モノレールや新交通システムといった特殊

17

図1 軌道区間と鉄道区間が混在している
事業者の例（神戸新交通）

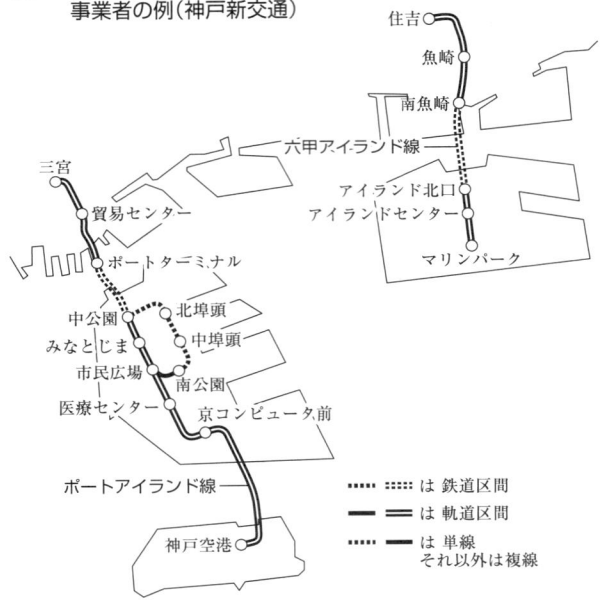

鉄道であっても軌道法が適用される事業者、軌道法に基づく軌道区間と鉄道事業法に基づく鉄道区間が混在している事業者も見られる（図1参照）。また平成13年3月に開業した名古屋ガイドウェイバスは支柱等のインフラ部を道路面に整備しているため軌道法が適用されているが、事業者ごとの詳細については市販の『鉄道要覧』などを参照願いたい。

第1章　鉄道一般

== コラム① ==　DMVやBRTは鉄道の範疇か?

普通鉄道・新幹線鉄道から鋼索鉄道まで、鉄道の種類はバラエティに富んでいるが、DMVやBRTのように鉄道の範疇なのか判然としないものがある。この点について国土交通省鉄道局に問合せし、同局から回答をいただいたので、その概要を紹介したい。

――DMVは鉄道事業法が適用されるのでしょうか?

地域公共交通活性化法では、DMVのように既存の輸送モードでは分類できないものを「新地域旅客運送事業」と位置付けています。当該事業を実施しようとする者は「新地域旅客運送事業計画」を作成し、これが認定された場合、さまざまな特例措置を受けることができます。たとえば地域公共交通活性化法では「新地域旅客運送事業計画に定められた事業のうち、鉄道事業法の営業許可、事業基本計画の認可、事業基本計画の変更の届出をしなければならないものについては、これらをしたものとみなす」と定めています。したがってDMVには鉄道事業法が適用されます。

――大船渡線や気仙沼線で運行されているBRTは鉄道事業法が適用されるのでしょうか?

単語エクスプローラー

・DMV（Dual Mode Vehicle）：道路とレールの両方を走行可能な新しい形態の交通機関で、平成16年にJR北海道が試作車を完成させ、走行試験が繰り返されている。
・BRT（Bus Rapid Transit）：連節バスやレーン等を組み合わせ、速達性・定時性の確保や輸送力増大を可能としたバスシステム。
・新地域旅客運送事業：地域の旅客輸送需要に適した効率的な運送サービスであって、次に掲げる事業のうち二以上の事業に該当し、かつ同一の車両または船舶を用いて一貫した運送サービスを提供する事業をいう。
① 旅客鉄道事業又は旅客軌道事業
② 一般乗合旅客自動車運送事業
③ 国内一般旅客定期航路事業等

鉄道事業法は適用されません。当該BRTについては、あくまでも鉄道の仮復旧として、JR東日本が道路運送法に基づく「一般乗合旅客自動車運送事業」の許可を受けて運行しています。

——ところで「梅小路公園」や「博物館明治村」には動態保存鉄道がありますが、鉄道事業法が適用されるのでしょうか？

鉄道事業法第二条で、鉄道事業とは「他人の需要に応じ、鉄道による旅客又は貨物の運送を行う事業」と定義されています。一方で、梅小路公園や博物館明治村の動態保存鉄道は、当該施設内における遊戯等を目的とした施設であるため、鉄道事業法は適用されません。

——ご教示有難うございました。

JR北海道のDMV試作車

気仙沼線柳津〜気仙沼間で運行されているBRT

博物館明治村で動態保存されている京都市電

第1章 鉄道一般

●車両を持たない鉄道会社もある——鉄道の運営形態による分類

ここまでは鉄道を構造面から見た分類といえるが、鉄道事業の運営形態から見た分類も重要である。
鉄道事業法では、鉄道事業等とは鉄道事業・索道事業・専用鉄道と定義され、鉄道事業は、

・第一種鉄道事業：他人の需要に応じ、鉄道による旅客または貨物の運送を行なう事業であって、第二種鉄道事業以外のもの
・第二種鉄道事業：他人の需要に応じ、自らが敷設する鉄道線路以外の鉄道線路を使用して旅客または貨物の運送を行なう事業
・第三種鉄道事業：第一種鉄道事業を経営する者に譲渡する目的をもって鉄道線路を敷設する事業及び鉄道線路を敷設して第二種鉄道事業を経営する者に専ら使用させる事業

と定められている。ここでいう鉄道線路とは車両等の運行に最も基本的でかつ必要最小限度の施設で、線路・トンネル・橋りょう等を指している。第二種鉄道事業者は鉄道線路を敷設できないが、鉄道線路以外の施設（停車場・車庫・変電所等）を設置することは可能で、JR貨物が代表例である（ただし同社も一部に第一種鉄道事業線を持っている）。ところで車両は一般に第二種鉄道事業者が保有するケースが多いが、鉄道事業法では車両の保有まで規定しているわけではない

鉄道事業法が適用される索道事業（北八ケ岳ロープウェイ）

ので、車両を保有する第三種鉄道事業者も存在する。

第三種鉄道事業者は2種類の事業がある。前者は鉄道線路を敷設する事業で、東京都交通局大江戸線などを建設した第三セクターの東京都地下鉄建設が該当するが、現在は東京都交通局に譲渡し、第三種鉄道事業免許は失効している。鉄道建設というと鉄道・運輸機構（独立行政法人鉄道建設・運輸施設整備支援機構）が思い浮かぶが、同機構は第三種鉄道事業を適用しないと鉄道事業法で定められているほか、いわゆるゼネコンなどの建設事業者は（鉄道事業の用に供するものとして鉄道線路を敷設する意思は持っていないので）第三種鉄道事業者には該当しないとされている。一方の第二種鉄道事業者に使用させる事業は、神戸高速鉄道が代表例で、神戸高速鉄道は鉄道路線を保有する第三種鉄道事業者、同

第1章　鉄道一般

鉄道の路線（阪神元町～西代間など）に乗り入れている阪神電気鉄道などが第二種鉄道事業者として運営している。

索道事業は観光地のロープウェイやスキーリフトなどが代表例で、専用鉄道は工場等へ原料を搬入または工場から製品を搬出するために設置されるものが一般的である。鉄道事業法では、

・索道事業：他人の需要に応じ索道による旅客または貨物の運送を行なう事業
・専用鉄道：専ら自己の用に供するため設置する鉄道であって、その鉄道線路が鉄道事業の用に供される鉄道線路に接続するもの

と定められている。索道事業は架空された索条（ワイヤロープ）により旅客または貨物の運送を行なうという構造的特性から、利用者の利便と安全確保を主な目的として鉄道事業法が適用されている。また専用鉄道はJR鶴見線扇町駅分岐の三井埠頭専用線、鹿島臨海鉄道鹿島臨港線奥野谷浜駅分岐の三菱化学鹿島工場専用線など多数存在するが、鉄道事業の用に供される鉄道に接続していない「自家用鉄道」は鉄道事業法の適用対象とはならないと解説書に記されている。

一方、鉄道を経営形態で見ると、国有鉄道、公営鉄道、民営鉄道（いわゆる私鉄）、自治体が出資する第三セクターなどに分類され、民鉄は経営規模によって大手民鉄、準大手民鉄、中小民鉄に分類される。国鉄も昭和62年に民営化されたが、JR各社は民鉄には含めないのが一般的で、

本書ではJR各社を除いた事業者は公民鉄を称することにしたい。

◇

　鉄道の運転取扱いに関する法律として「鉄道営業法」が定められ、第一条で「鉄道ノ建設、車両器具ノ構造及運転ハ国土交通省令ヲ以テ定ムル規程ニ依ルヘシ」と定められている。国鉄の分割民営化に伴い、それまでの「日本国有鉄道建設規程」「地方鉄道建設規程」に代わって技術基準を定めた省令「普通鉄道構造規則」「特殊鉄道構造規則」など（以下、旧省令という）が昭和62年に公布された。これらは具体的数値を定めた仕様規定として整備されていたが、平成13年12月に公布された「鉄道に関する技術上の基準を定める省令」（以下、省令という）に統合され、安全性を確保しつつ鉄道事業者の技術的自由度の向上が図られるよう性能規定化された。性能規定化にあたり、鉄道事業者の技術的判断の参考として強制力をもたない形で具体化・数値化した「解釈基準」が策定され、鉄道事業者は省令や解釈基準を参考に個々の実情を反映した実施基準を策定し、これを順守することとなっている。省令や解釈基準を引用しながら、普通鉄道・新幹線鉄道を中心とした鉄道技術に関する基本事項をここから解説していくことにしよう。

=コラム②= 個人でも経営できる鉄道事業と期間限定で行なえる鉄道事業

鉄道事業を経営しようとする者は、路線及び鉄道事業の種別(第一種鉄道事業など)について国土交通大臣の許可を受けなければならないと鉄道事業法で定められている。鉄道事業の経営は地方公共団体や法人に限られるというイメージが強いが、意外なことに？個人での申請も可能と定められ、戦前期までは個人経営の小規模な鉄道事業者が存在していた。

名古屋駅で行なわれたナゴヤ球場正門前行き臨時列車の出発セレモニー

巨額の資本投下を要する施設が必要な鉄道事業は、一時的な需要に対応した事業は多くなかったが、第二種鉄道事業が設けられ、一時的な需要に対応した事業が容易になったことから、鉄道事業法では「一時的な需要のための鉄道事業の許可は期間を限定して行うことができる」と定められた。期間を限定した鉄道事業は、民営化問もない昭和62年7月から名古屋駅とナゴヤ球場正門前駅の輸送が第二種鉄道事業はJR東海、第三種鉄道事業はJR貨物で実施されたほか、平成元年に開催された横浜博覧会では磁気浮上式のHSSTが運行されるなど、多くの実績が残されている。

第2章 線路設備

● レールの幅はどこで測るのか——軌間とは

車両は2本のレールによってガイドされて走行する。安全かつ快適な走行を確保するためには、車輪フランジとレールの接触位置をある範囲内に限定しなければならない。この接触位置を軌間（Gage）といい、現行の省令では直線区間の軌道中心線におけるレール頭部間の最短距離、つまり左右レール内面間の最短距離と定められている。省令には定められていないが、車両の走行安全性を確保するため、普通鉄道の軌間は762mm、1067mm、1372mmまたは1435mm、新幹線鉄道の軌間は1435mmと解釈基準に記されている。

第2章　線路設備

図2　旧省令の軌間測定位置

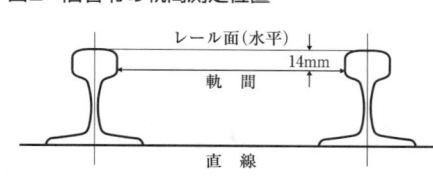

軌間の測定位置は、旧省令ではレール面からの距離14mm以内、「日本国有鉄道建設規程」ではレール面からの距離16mm以内と定められていたが、各鉄道事業者で軌間寸法とともに測定位置を「実施基準」に明確に規定することで安全の担保が図れることから、現行の省令では寸法の規定が廃止されている。ところで軌間の測定位置を14mmとした経緯であるが、車輪のフランジとレールの接触面レール頭部が常時接触する範囲は10〜11mmだった（レール頭部とフランジの接触を良好にするためレールの肩の半径をフランジ喉部の半径に近付けたとしても13mmの範囲にとどまると考えられた）ことから、余裕をとって14mmと制定されたのである（図2参照）。

日本の鉄道の創業期には世界標準の1435mm（4フィート8・5インチ）ではなく、狭軌の1067mm（3フィート6インチ）が採用された。『日本鉄道史』（1921年・鉄道省発行）によると、鉄道建設の全権を委任されたイギリス人事業家のネルソン・レイが狭軌の3フィート6インチで十分と考え、狭軌用資材をイギリスに発注したのがはじまりで、その後レイは雇用を解約されたがゲージはそのまま3フィート6インチが黙認されたという。その理由は明らかでないが、当時の日本の経済力や財政事情から建設費の安い狭軌が

27

762mmのナローゲージを採用している近鉄内部（うつべ）・八王子線

有利なこと、当時の欧州では狭軌論が盛んでニュージーランドなどに採用された事実などから、3フィート6インチの採用に異議なかりしものと認められると記されている。

一説によると建築師長（後の技師長に相当）のエドモンド・モレルからゲージに関する相談を受けた民部卿（みんぶきょう）の大隈重信は意味がよく分からずに、建設費の安い狭軌を選択したといわれているが、明治20年の私設鉄道条例で軌間は「特許ヲ得タル者ヲ除クノ外総テ三呎六吋トス」と規定された。世界標準の1435mmを採用したのは明治32年に開業した大師電気鉄道（現在の京浜急行電鉄大師線）が最初で、当時のアメリカで発達した電気鉄道に範を求め、その技術を導入しやすくするためだったといわれているが、大正8年の地方鉄道法で「軌間ハ三呎六吋トス

第2章　線路設備

特別ノ場合ニ在リテハ四呎八吋半又ハ二呎六吋ト為スコトヲ得」と規定された。

都営地下鉄新宿線などで採用されている1372mm（4フィート6インチ）は東京市電が採用していた軌間で、直通運転を意図して京浜電気鉄道（現在の京浜急行電鉄。昭和8年に1435mmに改軌）や京王電気軌道（現在の京王電鉄）などで採用された。東京市電の1372mmは、その前身で明治15年に開業した日本最初の民営鉄道である東京馬車鉄道を起源にしているが、東京馬車鉄道はニューヨークの馬車鉄道の払い下げを受けて敷設したことから1372mmを採用したといわれている。また762mm（2フィート6インチ）は、明治21年に開業した伊予鉄道が簡便な規格の鉄道を技術的に調査研究して採用にいたったといわれている。

諸外国で最も普及している軌間1435mmは標準軌と呼ばれ、標準軌より広い軌間を広軌、狭いものを狭軌と呼ばれる。日本の鉄道は1067mmの狭軌で建設されたが、明治年間から大正年間にいたるまで広軌改築論争が絶え間なく続けられた。ここでいう広軌とは1435mm（標準軌）のことで、幻に終わった広軌鉄道は半世紀近い星霜を経て東海道新幹線で実現したが、この因縁めいた話は多くの文献に記されているので、本書の読者ならご存じの方も少なくないだろう。

== コラム③ == 創業期の鉄道建設の恩人エドモンド・モレル

創業期の鉄道技術は外国人からの指導を仰ぎ、陸蒸気と呼ばれた新橋～横浜間はイギリス人のエドモンド・モレルの指導で建設された。建設当初、ネルソン・レイが鉄製まくらぎをイギリスに注文しようとしたが、日本の鉄道には資源が豊富で安価な木製が適しているとして、モレルは木製まくらぎを使用するよう進言した。さらにモレルは鉄道だけでなく建築・工業部門全般を管理する機構の設置と日本人技術者を育成する学校の設置を明治政府に進言し、こうして工部省と工部大学校（後の東京大学工学部）が設置された。日本人技術者が育成されれば、モレルのような外国人技術者は不要となるが、モレルは私利私欲を離れて後進国だった日本の鉄道技術の自立に尽力した。しかし過労のため持病の肺結核が悪化、陸蒸気の開業を見ることなく急逝してしまった。モレルの偉業を讃えるように、桜木町駅（開業当時の横浜駅）構内にはレリーフが設置され、横浜外国人墓地のモレルの墓は鉄道記念物に指定されている。

エドモンド・モレル

桜木町駅にあるモレルのレリーフ

モレルの墓

30

第2章　線路設備

●最も急なカーブは半径160m──本線の曲線半径

省令で本線とは列車の運転に常用される線路と定められている。本線の曲線半径は鉄道輸送の高速性・大量性が確保できるものでなければならないと省令で定められ、設計最高速度のおおむね80％を達成できることと解釈基準に記されている。設計最高速度に応じた曲線半径の一例を表1に示す。

本線の曲線半径は車両の安全な走行に支障を及ぼさないものと省令で定められている。曲線半径が小さくなるほど横圧が大きくなるが、走行安全性を考慮して解釈基準では表2のように記されている。普通鉄道の最小曲線半径は旧省令の160m が踏襲されたが、これは「地方鉄道建設規程」が踏襲されたものである。新幹線鉄道の最小曲線半径は、旧省令では車両性能面から最高時速250kmを考慮して2500mと定められていたが、現行の省令で本線の曲線半径は設計最高速度の約80％を前提としていることから表3のように改正された。

プラットホームに沿う曲線半径は乗降する旅客の安全を確保するため、車両とプラットホームの離れは20cmを目安とし、車両端部とホームの接触に対する余裕

- **本線**：東海道本線・山陽本線、南海本線など線区の名称が思い浮かぶが、これらは線区の名称（国鉄では線路名称と称していた）で、省令でいう「本線」とは意味合いが異なり、支線であっても列車の運転に常用される線路は「本線」である。
- **横圧**：車輪とレールとの間に働く車軸方向の力。

表1 設計最高速度に応じた曲線半径

	設計最高速度 （km/h）	曲線半径 （m）	計算条件
普通鉄道 （1067mm）	160 130 110 90 70	787 519 372 249 151	曲線速度80% カント量＝105mm カント不足量＝70mm
普通鉄道 （1435mm）	160 130 110 90 70	771 509 364 244 148	曲線速度80% カント量＝150mm カント不足量＝90mm
新幹線鉄道	350 300 270 240 220 200	5358 3937 3189 2520 2117 1750	曲線制限なし カント量＝180mm カント不足量＝90mm

表2 本線の最小曲線半径

	最小曲線半径(m)
普通鉄道	160
普通鉄道（軌間762mm）	100
新幹線鉄道	400
モノレール・新交通システム	100
鋼索鉄道	300
磁気浮上式鉄道	15

表3 新幹線の曲線制限速度

曲線半径（m）	速度（km/h）
3500以上	275
3000以上	260
2500以上	235
2000以上	210
1500以上	185
1000以上	150
400以上	95

図3 車両とプラットホームの関係

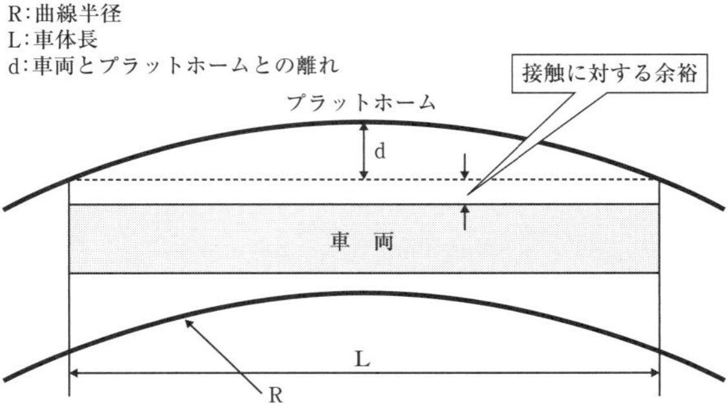

R：曲線半径
L：車体長
d：車両とプラットホームとの離れ

第2章　線路設備

表4　最大カント量の計算例　　　単位：mm

車両重心高さ	普通鉄道		新幹線鉄道
	1.067m	1.435m	―
1.2m	158	286	313
1.4m	136	245	268
1.6m	119	215	234
1.8m	105	191	208
2.0m	95	172	188

● 機関車はなぜ急カーブを曲がれるのか――カント・スラックと緩和曲線

5cmをとって、普通鉄道では400m（全長18m未満の車両のみが走行する区間は300m）、新幹線鉄道では1000m以上と解釈基準に記されている（図3参照）。

列車が曲線区間を走行する際には遠心力が働き、乗客が曲線外側に引っ張られ乗り心地が悪化するほか、横圧や外軌側に負荷される輪重により軌道破壊が進む、などの事象が発生する。そこで安全に走行できるよう走行速度に応じて外側レールを扛上するが、これを「カントをつける」といい、その量をカント量と称している。カントとは本来「傾斜」を意味するが、普通鉄道では外軌と内軌のレール面の高低差で表され、軌間のない特殊鉄道は傾斜率またはカント角で表される。車両が曲線区間走行時に働く遠心力を打ち消す、つまり遠心力と車両の重力の合力が軌道中心を向くカント量を均衡カントといい、また均衡カント量より カント量が小さいときはカント不足量という。カント量は曲線半径が小さいほど大きくする必要があるが、風による転覆なども考慮しなければならない。解釈基準に記された最大カント量は表4

のとおりである。

車両が曲線を安全かつ円滑に走行するためには各々の車輪が曲線中心に向いていることが望ましいが、実際には1つの台車に2本以上の車軸が固定されているため、各車輪はある角度をもってレールと接触する。その角度が大きいと、きしみながら走行することになり、横圧増大などの問題が発生する。そこで車両が円滑に曲線を通過できるよう、軌間を拡げることができる。この拡大量をスラックといい、一般に内軌側に設けられる。スラックは曲線半径等に応じて設定されるが、最大値は25㎜（軌間762㎜の場合は16㎜）と解釈基準に記されている。最大スラックは「日本国有鉄道建設規程」では30㎜、「地方鉄道建設規程」では25㎜と定められていたが、国鉄の30㎜という値はフランジが最大限度まで磨耗した場合でも脱線のおそれがないように規定されたもので、その後昭和47年3月に25㎜に、民営化直前の62年2月に20㎜に改正されている。ちなみに車両の固定軸距は最大4・6ｍと定められているが、この車両が300ｍ曲線を通過するのに必要な遊間は約9

3軸台車の電気機関車（EF59形）

第2章　線路設備

図4　緩和曲線の概念

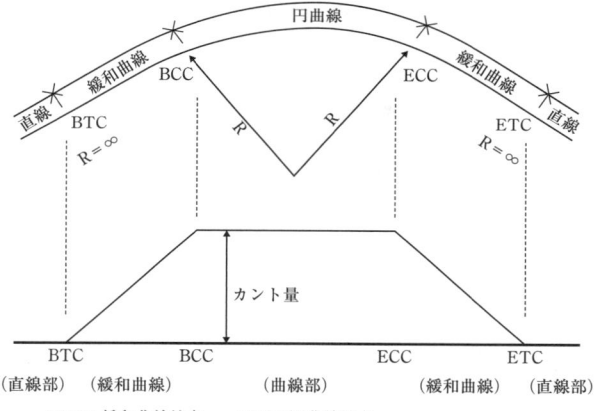

BTC：緩和曲線始点　　BCC：円曲線始点
ECC：円曲線終点　　　ETC：緩和曲線終点

mmなので、規定のスラックを設ければ問題なく運転できる。EF58形電気機関車のように固定された3軸台車がどうやって曲線を通過できるのか、少年時代の筆者は不思議でならなかったが……。

直線から曲線に移る区間ではカントは徐々に変化するが、曲率に比例することから、カントに応じて曲率を変化する曲線が必要になる。これを緩和曲線といい、直線と円曲線との間及び2つの円曲線の間には、車両の安全な走行に支障を及ぼさないよう緩和曲線を挿入しなければならないと省令で定められている（図4参照）。

- **輪重**：軌道に及ぼす各車輪の垂直方向の分担荷重。
- **固定軸距**：折れ曲がらない台枠・台車枠の最前位と最後位の車軸中心間水平距離。

35

●日本一の急坂は静岡県にある――本線の勾配

本線の勾配は曲線半径と同様に鉄道輸送の高速性・大量性が確保できるものでなければならないと省令で定められ、設計最高速度のおおむね80％を達成できることと解釈基準に記されている。

勾配は2点間の高さの差を両者の水平距離で割ったもの（三角関数でいえば「tan」）で、通常は千分率（‰＝パーミル）で表される。日本の鉄道は地形上急峻な山間部に敷設せざるを得ない場合があり、解釈基準では最急勾配は表5のように記されている。

普通鉄道の1000分の25（25‰）勾配は一般的な機関車（EF65）が約500tを牽引して25‰の勾配途中で停止した場合、再起動が可能で連続走行が可能なことから、また35‰勾配は一般的な電車等が運転できる性能を考慮して定められたものである。新幹線鉄道は旧省令では15‰と定められていたが、JR各社で導入された新形車両の性能が向上していることから25‰に改められ、地形上やむを得ない場合は車両性能等を勘案した条件のもとで35‰まで可能と定められている。

なお80‰勾配の箱根登山鉄道や50‰勾配の神戸電鉄では、車両の制輪子（ブレーキシュー）に焼損のおそれが少ない鋳鉄シューを採用しているほか、空気ブレーキ失効時の非常ブレーキを設けるなどの対策が施されている。

第2章　線路設備

横軽の通称で知られ、67‰勾配が介在する信越本線横川～軽井沢間はアプト式が用いられていた。輸送力増強のため昭和38年に車輪とレール間の粘着（摩擦）を利用して走行する粘着運転に切り替えられ、日本のアプト式鉄道は消滅したが、平成2年に開通した大井川鐵道井川線には90‰勾配が介在することから採用され、現在にいたっている。

一方、モノレール・新交通システムはゴム車輪を使用しているので粘着力が大きく、急勾配を上ることは可能だが、車両の走行性能とのバランスや道路勾配等を考慮して60‰と定められている。磁気浮上式鉄道は車輪がなく粘着力に頼らないため勾配に強い特性があるが、勾配を大きくすると問題があるので、愛知高速交通東部丘陵線の路線条件などから60‰と定められている。

勾配の変化が大きいと車両の浮き上がりにより脱線の恐れがあるため、列車が滑らかに通過できるよう曲線を挿入する必要がある。勾配が変化する箇所には、車両の安全な走行に支障を及ぼすおそれのないよう、縦曲線を挿入しなければならないと省令で定められている。縦曲線は車両との接近量等を考慮して、普通鉄道では半径2000m、新幹線鉄道は10000m、モノレール・新交通システム・磁気浮上式鉄道は1000m以上と解釈基準に記されている（図5参照）。

表5 列車の走行区域の最急勾配

		勾　配	停止区域の勾配
普通鉄道	貨物列車を運転する区間 上記以外の区間 リニアモーター方式の区間	25/1000 35/1000 60/1000	5/1000
新幹線鉄道	一般的な区間 （地形上やむを得ない区間）	25/1000 35/1000	3/1000
モノレール・新交通システム	—	60/1000	5/1000
磁気浮上式鉄道	—	60/1000	0

図5 縦曲線と車両の接近量

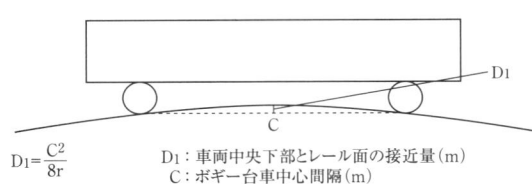

$D_1 = \dfrac{C^2}{8r}$

D_1：車両中央下部とレール面の接近量(m)
C：ボギー台車中心間隔(m)
r：上向きの縦曲線半径(m)

信越本線横軽間（現在は廃止）のアプト式鉄道。ラックレール（歯形レール）と機関車のピニオンギア（歯車）を噛み合わせて進む

‖ コラム④ ‖ 線路標の話

本線には線路の保全及び列車の運転の安全の確保に必要な線路標を設けなければならないと省令で定められ、

・線路の分岐（交差）箇所で車両が他の線路を支障しない限界標
・起点からの距離を表示する距離標
・曲線半径などを表示する曲線標
・勾配を表示する勾配標

を設置することと解釈基準に記されている。距離標の種類は鉄道事業者により異なるが、JR各社では1km・500m・100mごとに建植される。曲線標の建植位置も鉄道事業者により異なるが、円曲線の中央部や始終端に建植される。勾配標は勾配の変更点に建植し、表示は一般にパーミルで表示される。

限界標

距離標

勾配標

曲線標

●車両と建造物の安全な関係のために――建築限界

鉄道車両が安全に走行できるよう軌道上に空間の境界が定められ、線路に近接した建造物が超えてはならない限界として建築限界、車両が超えてはならない限界として車両限界（第7章参照）が定められ、建造物と車両が接触しないようになっている。直線における建築限界は、車両の走行に伴って生ずる動揺等を考慮して、車両限界との間隔が車両の走行などに支障を及ぼさないこと省令で定められている。

車体に張り巡らした棘で建築限界を測定する建築限界測定車

建築限界と車両限界は各鉄道事業者で定めなければならないが、建築限界の標準図が解釈基準で示されている。普通鉄道の側方限界は、車両限界の幅3000mmに列車動揺による偏倚（へんい）等を考慮して各側に400mm加えた3800mmと定められている（図6参照）。また、基礎限界上部の円弧部は非電化区間の最高値であるが、これは「日本国有鉄道建設規程」が踏襲されたもので、この4300mmは大正期に国鉄が既成トンネルを調査したところ、大部分が15フィートだったことからこれを基準に制定されたものである（図7参照）。

第2章　線路設備

図6　建築限界と車両限界の隙間

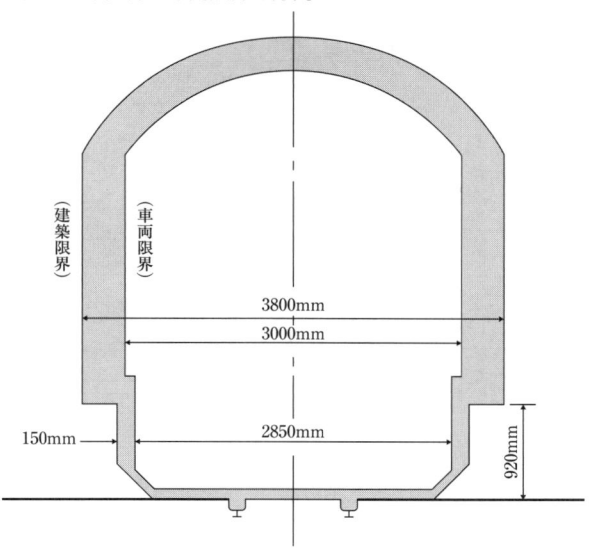

（建築限界）
（車両限界）
3800mm
3000mm
150mm　2850mm
920mm

電気鉄道では集電装置の絶縁離隔を考慮した上部限界が定められている。交流20000V区間では5900mm、直流1500V区間では5700mmと定められているが、これは電車線高さの上限値5400mm（直流区間は5200mm）に懸*ちょう装置の高さ500mmを加えたもので、トンネル・橋りょう等に適用される5300mmは電車線の最低作用高さ4800mmに懸ちょう装置の高さ500mmを加えたもの（直流区間の5050mmは電車線の最低作用高さ4550mmに懸ちょう装置の高さ500mmを加えたもの）である。

一方、上部限界の幅は2900mm（直流区間は2700mm）と定められている。

41

図7　普通鉄道の建築限界

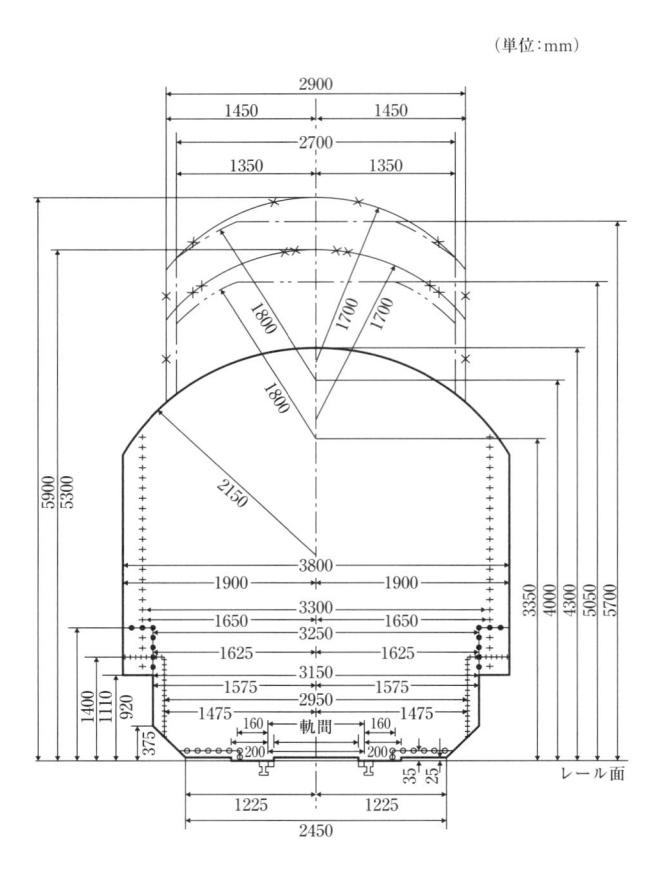

(単位：mm)

第 2 章　線路設備

———————	基礎限界
— - — - —	架空電車線から直流の電気の供給を受けて運転する線路における架空電車線並びにその懸ちょう装置及び絶縁補強材以外のものに対する限界
— - - —	トンネル、橋りょう、こ線橋、雪覆い、プラットホームの上家及びその前後の区間において必要がある場合の架空電車線から直流の電気の供給を受けて運転する線路における架空電車線並びにその懸ちょう装置及び絶縁補強材以外のものに対する限界
——×——	架空電車線から交流の電気の供給を受けて運転する線路における架空電車線並びにその懸ちょう装置及び絶縁補強材以外のものに対する限界
——××——	トンネル、橋りょう、こ線橋、雪覆い、プラットホームの上家及びその前後の区間において必要がある場合の架空電車線から交流の電気の供給を受けて運転する線路における架空電車線並びにその懸ちょう装置及び絶縁補強材以外のものに対する限界
——●●——	信号機、標識及び合図器並びに特殊なトンネル及び橋りょうに対する限界
——○○——	乗り越し分岐器に対する限界
+++++	貨物列車のみを運転する本線及び側線における給油所、給水所及び信号柱並びに側線における転車台、計量台、洗車所、車庫の入口及びその内部の装置並びに軌道間に建てる貨物の積卸場の上家の支柱に対する限界
+++++	ホームに対する限界

図8　新幹線鉄道の建築限界　　　　　　　　　（単位：mm）

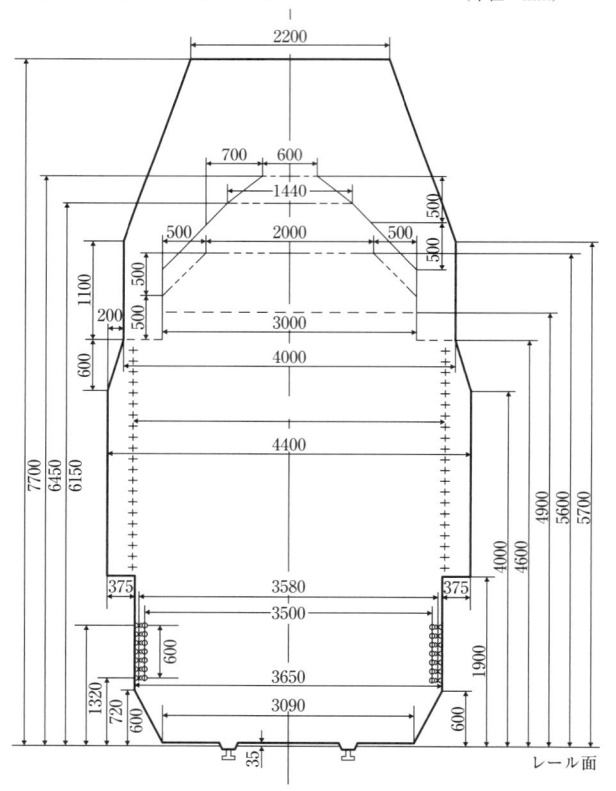

- **偏倚**：曲線区間において車体の端部（中央部）が曲線外側（内側）にはり出す状態をいう。
- **電車線**：集電装置を通じて車両に電気エネルギーを供給する電線。
- **懸ちょう装置**：ちょう架線・ハンガー（詳細は後述）など電車線を支持する装置。なお建築限界に構造物を設けてはならないが、上部限界には懸ちょう装置のほか、トロリ線摩耗検知配線などの設置が認められている。
- **トロリ線**：架空電車線で集電装置が接触する電気導体。

第2章 線路設備

―――――― 基礎限界

―――――― トンネル、橋りょう、こ線橋、乗降場上家等に対する限界

―――――― ちょう架線のたるみの中央部分を利用する場合におけるこ線橋等に対する限界

―――――― 列車を120km/h以下の速度で運転する区間において、電車線路を特殊な構造とした場合におけるトンネル、橋りょう、こ線橋、乗降場上家等に対する限界

―――――― 電車線のない場合の限界

○○○○○○ 乗降場(通過列車のない場合に限る)、乗務員昇降台、車両洗浄台等に対する限界

××××× 乗降場(通過列車のある場合に限る)に対する限界

++++++ 整備検修設備及び車両基地内の標識類に対する限界

車両が曲線区間を通過する際には偏倚するので、建築限界を拡大する必要がある。解釈基準では偏倚量の詳細な数式が記されているが、一般的な車両(固定軸距2100mm、台車中心間距離13400mm)では、

$$W(偏倚量：mm)=23000/R(曲線半径：m)$$

が用いられている。

新幹線鉄道の側方限界は車両限界幅3400mmの各側に500mm加えた4400mmと定められているが、これは戦前期の弾丸列車計画で定められた規格が踏襲されたものである(図8参照)。上部限界の6450mmは電車線高さの上限値5000mmに高速運転用架線構造に必要な最低高さ1450mmを加えたもので、曲線区間における建築限界拡大量算定の近似式は、W=50000/Rが用いられている。

●線路とはレールのことではない──鉄道線路と軌道中心間隔

鉄道線路は列車を走らせるための通路であり、レール・まくらぎ・道床で構成される軌道（Track）とそれを支持する路盤の総称で、JIS規格では「列車または車両を走らせたための通路・軌道及びこれを支持するために必要な路盤・構造物を包含している地帯」と定められている。軌道は道床にバラスト（砕石・ふるい砂利等）を介して軌きょうを敷設するバラスト軌道が一般的であるが、一般の土木構造物に比べて保守量が多いことから、近年では道床にプレキャストのコンクリートを用いたスラブ軌道が増えつつあり、山陽新幹線などはスラブ軌道が基本

バラスト軌道の構造展示（鉄道博物館）

スラブ軌道の構造展示（鉄道博物館）

第2章 線路設備

図9 軌道狂いの種類

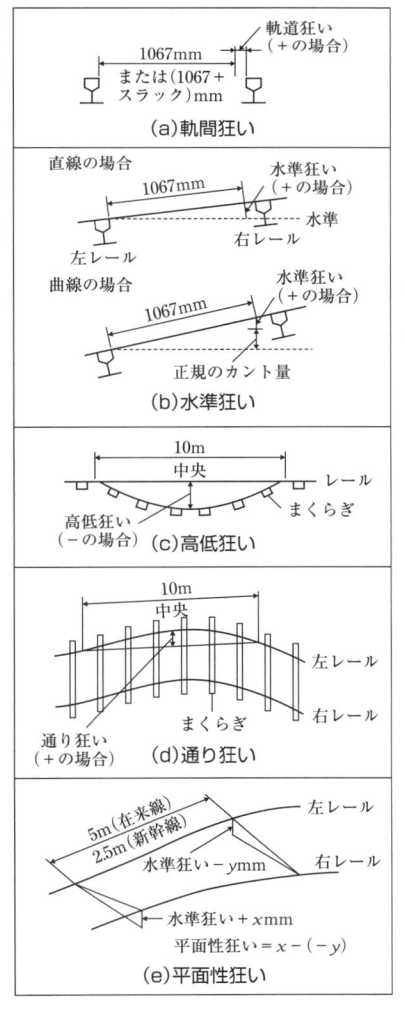

(a) 軌間狂い
- 1067mm または (1067+スラック)mm
- 軌道狂い（+の場合）

(b) 水準狂い
- 直線の場合：1067mm、左レール、右レール、水準、水準狂い（+の場合）
- 曲線の場合：1067mm、正規のカント量、水準狂い（+の場合）

(c) 高低狂い
- 10m 中央
- レール、まくらぎ
- 高低狂い（-の場合）

(d) 通り狂い
- 10m 中央
- 左レール、右レール、まくらぎ
- 通り狂い（+の場合）

(e) 平面性狂い
- 5m（在来線）/ 2.5m（新幹線）
- 左レール、右レール
- 水準狂い $-y$ mm
- 水準狂い $+x$ mm
- 平面性狂い $= x-(-y)$

表6 軌道整備基準値（民鉄の例）

	本線	側線
軌間狂い	+18	-6
水準狂い	15	22
高低狂い	15	22
通り狂い	15	22
平面性狂い	18	18

単位：mm

になっている。

軌道は列車の繰り返し通過に伴い、図9のような軌道狂い*が発生する。鉄道路線を保守する業務を保線といい、列車の安全運行を確保するため、各鉄道事業者で表6のような軌道整備基準値が定められている。また路盤の高さの基準面を施工基面（せこうきめん）といい、軌道中心線から施工基面外縁までの水平距離を施工基面の幅と称している（図10参照）。

複線などの軌道中心間隔は車両同士の接触、旅客が窓から出した身体と車両との接触等安全な走行に支障を及ぼさないことと省令で定められている。直線区間の軌道中心間隔は、普通鉄道・特殊鉄道では車両限界（基礎限界）の最大幅に600mm以上、新幹線鉄道では基礎限界の最大幅に800mm以上を加えた数値とし、曲線区間では偏倚量に応じて拡大すると解釈基準に記されている（図11参照）。後述する車両限界の標準図では普通鉄道の基礎限界が3000mm、

図10　施行基面の幅と路盤面

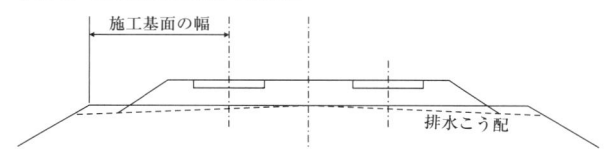

図11　新丹那トンネルにおける軌道中心間隔と建築限界

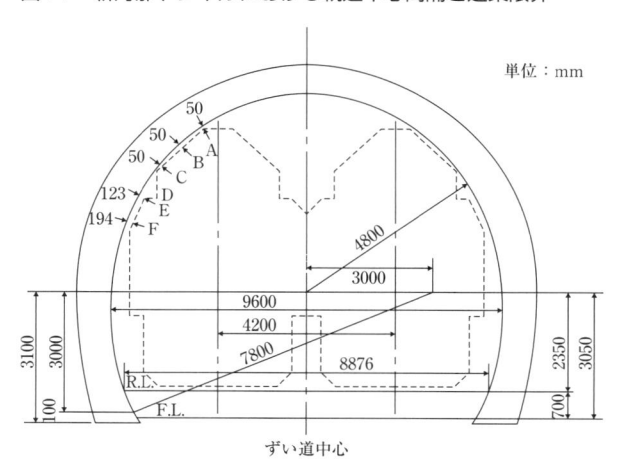

第2章　線路設備

新幹線鉄道が3400mmなので、直線区間の軌道中心間隔はそれぞれ3600mm、4200mmとなる。普通鉄道の3600mmは、列車の動揺（200mm）、すれ違い時の風圧に対する安全、旅客が顔や手を出した場合の安全（200mm）等を考慮して定められたもので、新幹線鉄道の4200mmは東海道新幹線の建設基準検討時にすれ違い時の風圧を検討した結果によるもので、戦前期の弾丸列車の規格が結果的に踏襲されたものである。なお山陽新幹線では当初計画された単線運転時の保守余裕等を考慮して4300mmに拡大されている。

普通鉄道で3線以上の軌道が併設する区間では、作業員の安全を考慮して併設区間の1線間以上は退避できる軌道中心間隔にすることが望ましい。

JR各社は3線以上の軌道が併設する区間では2線のうち1線は4500mm以上を原則としている。またJR各社では停車場内の軌道中心間隔は4000mmを原則としているが、これは昭和初期に種々の軌道間隔で駅構内作業を調査したところ、車両間の隙間が1mあればほぼ支障のないことが確かめられた結果によったものである。

単語エクスプローラー

- 道床：レール・まくらぎを支持し、荷重を路盤に分布する部分。
- 路盤：軌道を支えるための構造物で、土路盤・コンクリート路盤などがある。
- 軌きょう：レール・まくらぎを、はしご状に組立てたもの。
- プレキャストコンクリート：工場または現場の製造設備で、あらかじめ製造されたコンクリート製品または部材。
- スラブ（Slab）：（石・木・金属などの四角く幅の広い）厚板。なお発音が同じスラブ語などは「Slav」である。
- 軌道狂い：軌間狂い、水準狂い、高低狂い、通り狂いなどの総称。

●「枕木」が「まくらぎ」になった理由──レール・まくらぎと分岐器

レールは鉄道の象徴ともいえるなじみ深い存在で、JIS規格では車輪を直接支持・誘導する部材と定められている。現在の普通鉄道では50kgレール（新幹線鉄道では60kgレール）が一般に用いられるが、これは1mあたりの重量を表している。レールは25mが基本長となっているので、継目部は2枚の継ぎ目板でレール両側から締め付ける構造となっており、継目部のレール間の隙間をレール遊間と称している。列車の滑らかな走行には継目のないほうがよいので、レールを溶接したロングレールが用いられている。

まくらぎは、レールを支え荷重を道床などに分布（分散）させる部材で、以前は「枕木」と書いたが、PC材が多くなって名は体を表さなくなったことから現在では「まくらぎ」と表している。レールとまくらぎの締結は犬くぎで直接固定する方式やタイプレートを用いた方式などがあり、なじみ深い犬くぎの名称は頭部の形状が犬の頭に似ていることに由来している。

分岐器は（一般には「ぶんきき」だが）鉄道関係者は「ぶんぎき」と発音し、JIS規格では1つの軌道を2つ以上の軌道に分ける軌道構造と定められている。分岐器には、直線軌道から左右両側に等角に開いた「両開側（または右側）に軌道が開いた「片開き分岐器」、直線軌道から左右両

50

第2章　線路設備

図12　分岐器の種類

片開き分岐器

両開き分岐器

振分け分岐器

x:y＝振分け率

曲線分岐器

シングルスリップスイッチ

ダブルスリップスイッチ

ダイヤモンドクロッシング

シーサースのダイヤモンドクロッシング部

（点線内）

図13　分岐器の構成

ポイント部　リード部（案内部）　クロッシング部（てっさ部）

分岐側

直線側

基本レール
トング（せん端）レール
リード（案内）レール
分岐器の番号：N

- **ロングレール**：200m以上の長さのレール。
- **ＰＣ（プレストレストコンクリート）まくらぎ**：ＰＣ鋼のより線によってコンクリートに圧縮力を導入する方式のまくらぎ。
- **タイプレート**：レールとまくらぎの間に入れる締結用鋼板。

レール継目部の継目板とタイプレート

き分岐器」、2つの軌道が交差する「ダイヤモンドクロッシング」などがある。なお2つの軌道を2組の分岐器で連絡する軌道構造を渡り線と称し、2組の渡り線を交叉させたものをシーサースクロッシングと称するが、これらも分岐器の一種である（図12参照）。分岐器は図13のように3つのブロックで構成され、転てつ器とも呼ばれるポイント部はトングレールを転換させて開通方向を変える箇所、クロッシング部は車輪がレールを横断する箇所で、クロッシング角度で分岐器の番号が表されている。

● 踏切が閉まるまでの時間はわずか15秒──踏切道

鉄道は原則として道路と立体交差とすべきであるが、新幹線以外の鉄道で交差する道路の交通量が少ない場合や地形上等の理由によりやむを得ない場合は、平面交差が許容されている。踏切道とは道路との交差部分をいい、踏切道通行人等の安全かつ円滑な通行に配慮したもので、通行を遮断できる（交通量が少ない場合は列車接近を知らせることができる）踏切保安設備を設けなければならないと省令で定められている。踏切道の路面は舗装されていること、道路との交差角

第2章 線路設備

は45度以上であること、警標を設けること等の基準が解釈基準に記されている。踏切道は設備内容によって、

- 第1種踏切：自動制御（または手動操作）で遮断機が動作する踏切
- 第2種踏切：交通量の多いときのみ担当者を配置して門扉を開閉する踏切
- 第3種踏切：自動制御（または手動操作）で警報機が動作する踏切
- 第4種踏切：上記以外の踏切

があるが、第2種踏切は現存していない。第4種踏切は省令に適合しないが、現行省令の施行後最初に行なう改造工事が完成するまでの間は、従前の例によることができるとされている。

踏切保安設備は遮断機の設置を原則とし、遮断機・警報機の警報装置は線路の両側に設けること、2個以上の赤色せん光灯を交互に点滅すること、複線以上の踏切道に向かって左側に設けること、警告音を発することなどが解釈基準に記されている。せん光灯は1個が滅灯したときでも点灯が維持できるよう2個1組とし、視認効果を考慮して交互点滅させ見通し距離は原則として45mとされている。警報装置の色彩は黒色と黄色を交互に塗装することとJIS規格で定められている。黒色と黄色の縞模様は最もコントラストがよく、薄暮でも誤認や混同のおそれがないことから使用されているが、外国では赤色と白色が使

用されている例もある。なお時速130km以下の速度で通過する踏切で、交通量が少ない場合は警報機を備えたものでよいと解釈基準に記されている。

列車が極めて高い速度（時速130kmを超える速度[*]）で通過する踏切道は、踏切遮断機・障害物検知装置を設置すると解釈基準に記され、遮断装置は線路の両側で幅員全体を遮断すること、踏切道に向かって左側に設けること、遮断桿は0.8mの高さを標準とすることなどが解釈基準に記されている。遮断桿高さは踏切道通行人等の物理的・心理的効果が考慮されたもので、警報開始から遮断動作終了までの時間は15秒が標準とされている。

第1種踏切

- 道路：一般公衆の用に供する道。
- 踏切道通行人等：踏切道を通行する人及び自動車をいう。
- 遮断機：踏切道の道路交通を遮断する機器。
- 警報機：踏切道で列車接近時に赤色のせん光や音響で踏切道通行人等に警報する機器。
- 障害物検知装置：踏切道に列車が接近したとき、自動的に自動車などを検知する装置。

第3章　停車場

●流行歌では「ていしゃば」ですが……――停車場と信号場・停留場

　省令では、列車の運転に常用される線路を本線、本線ではない線路を側線と定められている。停車場内に設けられた本線で同一方向の列車運転に使用する本線が2本以上ある場合は、主に使用する本線を主本線、それ以外を副本線と称している（副本線が複数ある場合は、1番線・2番線などの名称を付ける）。上下列車ともに使用できる副本線は中線と呼ばれ、後続列車の追越しや対向列車の行き違いに使用する副本線は待避線と呼ばれている。一方、側線は車両の入換えや留置を目的としたもので、列車の運転に常用しない線路をいい、車両を一時的に留置しておく側線は留置線、列車の組成や分離のために車両を引き上げる側線は引き上げ線と呼ばれ、このほかに

安全側線などがある。

鉄道線路は停車場と停車場外に区別されている（図14参照）。停車場は鉄道輸送の結節点として、旅客・貨物輸送の要になるもので、輸送量に見合った設備を備えて適切に機能を発揮できることが求められる。停車場というと旅客が乗降する駅が一般に連想されるが、停車場とは、

信号場（江ノ島電鉄峰ケ原信号場）

・駅：旅客の乗降または貨物の積卸しを行なうために使用される場所
・信号場：専ら列車の行き違いまたは待ち合わせを行なうために使用される場所
・操車場：専ら車両の入換えまたは列車の組成を行なうために使用される場所

の総称で、鉄道営業法第三条では「運賃其ノ他ノ運送条件ハ関係停車場ニ公告シタル後ニ非サレハ之ヲ実施スルコトヲ得ス」と定められている。ちなみに読みは流行歌の「落葉の舞い散る『ていしゃば』は……」ではなく「ていしゃじょう」である。

停車場のうち、転てつ器・場内信号機・出発信号機（新幹線

第3章　停車場

図14　停車場内外の境界

単線区間（自動閉そく式を施行する区間）

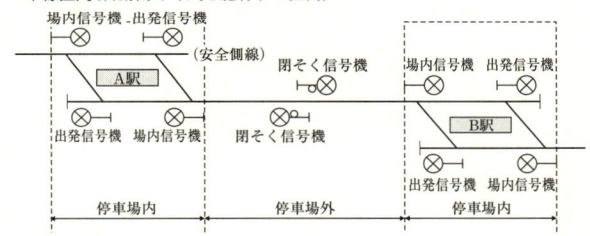

複線区間（自動閉そく式を施行する区間）

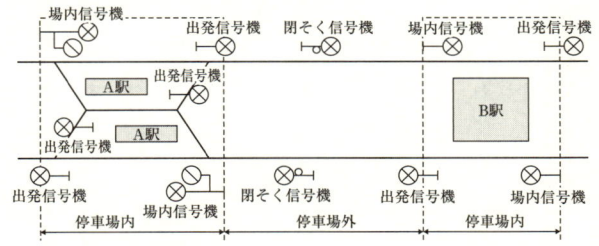

　鉄道は地上信号機）を設けない場合は停留場と称することができるとされている。

　一方、路面電車の停車場は電停あるいは停留所といわれるが、これらはいずれも通称で、軌道法においても普通鉄道と同様に停留場と呼ばれている。観光地などで臨時多客が予想される場所に一定期間に限って開設される駅を、国鉄では仮駅・仮乗降場と称していた。前者は営業キロ程が定められるのに対し、後者は営業キロ程が定められていない（運賃は外方駅の運賃による）点が異なっていた。現在では常磐線の偕楽園駅や長崎本線のバルーンさが駅などが臨時駅として『時刻表』にその都度掲載されている。

信号場は旅客・貨物の取扱いは行なわず、列車の行き違いまたは待ち合わせに使用されるもので、軌道法では信号場ではなく信号所と呼ばれている。信号場は石勝線のように駅間距離の長い単線区間に設けられるのが一般的だが、鹿児島本線太宰府信号場のように複線区間で列車待避のために設けられる場合、東海道新幹線鳥飼信号場のように車両基地などへの分岐のために設けられる場合もある。なお地方鉄道法では軌道法と同様に信号機を設けた場所（信号場と異なり列車の行き違いはできない）との平面交差などに信号所と称していたほか、国鉄では停車場外の本線で可動橋や他の鉄道を信号所と称していた。蛇足ながら両者の読みは「しんごうじょう」「しんごうしょ」だが、まぎらわしいことから国鉄では「しんごうば」「しんごうどころ」と発音していた。

操車場は車両の入換えまたは列車の組成を行なうもので、車庫とは区別されている。国鉄時代には全国に貨車操車場（ヤード）があったが、昭和59年2月ダイヤ改正のヤード式輸送廃止に伴い操車場は廃止され現在にいたっている。なお国鉄時代は古くから客車操車場と車庫が併設されていたためか、車庫（車両基地）を一般的に操車場と呼ぶこともあるが、これはあくまでも通称である。

車両は列車としてでなければ停車場外の本線を運転してはならない。このため停車

単語エクスプローラ
- 信号扱所：信号機・転てつ器等を操作するため設けられた建物。
- 安全側線：停車場内で列車（または車両）が逸走して衝突などの事故が生じることを防止するために設ける側線。
- 車庫：専ら車両の収容を行なうために使用される場所。

第3章 停車場

場内外の境界を明確にする必要があり、その境界線は場内信号機の建植位置と定められているが、他の信号機や標識(たとえばATC故障時に使用する地上信号機)が境界線に定められている。新幹線鉄道など車内信号機が常用される線区では場内信号機は設けられていない、

●ホーム幅最低2mの根拠とは——駅の設備とプラットホーム

駅は旅客または貨物の取扱量に応じ、プラットホーム・貨物積卸場その他の旅客または貨物の取扱いに必要な相当の設備を設けなければならないと省令で定められている。旅客駅は鉄道とその他交通との結節点であり、地域社会と深く結びついた街の玄関口として、多数の乗降客が正確かつ安全に利用できる設備を備えることが求められる。旅客駅のプラットホーム有効長は、発着する最長列車の長さ以上で、かつ旅客の安全及び円滑な乗降に支障を及ぼさないものと解釈基準に記されている。ただしプラットホームの延伸が困難で、かつ円滑な乗降に支障がない場合は列車長よりも短くすることができるが、ドア非扱いや案内放送を行なうなど危険防止措置を講ずる必要がある。

プラットホームの幅は、普通鉄道・特殊鉄道では両側使用ホームは3m、片側使用ホームは2m、新幹線鉄道ではそれぞれ9m、5m以上と解釈基準に記されている。これは歩行者2人が並ん

で通れる幅（1・5ｍ）を基本に両側使用の場合は2倍の3ｍ、片側の場合は0・5ｍの余裕をみて2ｍと定められたもので、新幹線鉄道は東海道・山陽新幹線開業時に両側使用の場合9ｍ、片側使用の場合7ｍと定められたが、東北新幹線以降は乗降客数を考慮して9ｍ、5ｍに改められたものである。

プラットホームの高さは、電車専用ホームでは旅客の円滑な乗降を考慮して、電車床面とほぼ同じ高さの1110㎜、電車及びその他の車両が走行するホームは920㎜と定められ、新幹線ホームは電車の床面高さ1300㎜との差をできるだけ少なく、かつ床面より低いことが望ましいので1250㎜と定められている。プラットホーム縁端と建物類との距離は図15のとおりで、柱類との距離は列車の見通し等を考慮して1ｍ以上、こ線橋入口や地下道入口等との距離は歩行者の安全を確保する必要から1・5ｍ以上と定められ、新幹線鉄道ではそれぞれ2ｍ、3ｍ（通過列車のない場合は2・5ｍ）と定められている。柱類との距離は東海道新幹線開業時に検討の結果、2ｍあれば乗降に支障がないと判断され、開業後の実績でも特段の支障がなかったことから山陽新幹線以降も踏襲されている。またこ線橋入口や地下道入口等との距離は時速200㎞の通過列車を安全に退避できる幅として（列車風を秒速6ｍ以下とした場合は2ｍとなるが、これに通行幅1ｍを加えて）3ｍと定められたもので、実際には列車通過の際、旅客に危険が及ばな

第3章　停車場

図15　プラットホーム縁端と建物類との距離

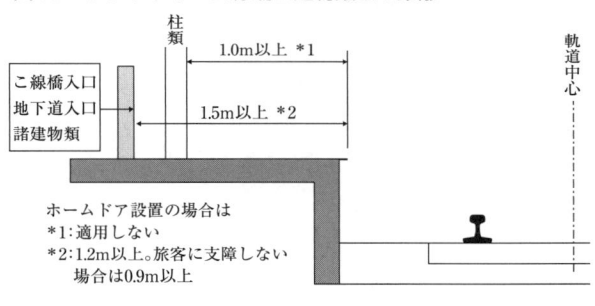

柱類　1.0m以上　*1
こ線橋入口／地下道入口／諸建物類　1.5m以上　*2
軌道中心

ホームドア設置の場合は
*1：適用しない
*2：1.2m以上。旅客に支障しない場合は0.9m以上

いよう、防護設備が設けられている。

プラットホーム縁端の笠石※かさいしは文字どおり石材が使用されていたが、雨や雪で濡れた場合も旅客が滑りにくいものを使用する必要があることから、現在はゴム入りタイルが一般的に使用されている。プラットホーム縁端の点状ブロックは、昭和48年2月に山手線高田馬場（たかだのばば）駅で発生した視力障害者の人身事故を教訓に普及が進められたもので、「公共交通機関の旅客施設に関する移動等円滑化整備ガイドライン」（平成19年7月）に基づき、縁端から80cm以上とって設置することが望ましいとされている。このほか平成13年1月に山手線新大久保駅で発生した人身事故を教訓に、ホームドア・可動式ホーム柵が設置されている場合を除いて、非常停止押しボタンやプラットホーム下の退避スペース確保などが進められている。

プラットホームからの転落防止対策として、ホームドア・可動式ホーム柵・固定式ホーム柵が近年では設けられている。ホーム

61

ドアは天井まで覆われているため抑止効果は大きいが、工事量の関係から東京メトロ南北線など新規路線に設置されるケースが多いのに対し、可動式ホームドアはホームドアに比較して安価なことから普通鉄道で導入が進められている。またホームドア・可動式ホーム柵とこ線橋入口や地下道入口等との距離は、立ち止まっている人がいても車いすで通行できる幅や車いすの向きを変えて列車に乗降できる幅を確保するため、1.2m以上と定められている。

新大久保駅に設置された可動式ホーム柵

地下式構造の駅及びこれに接続する長大なトンネル（これらを地下駅等と総称する）には、必要な換気量に応じた換気設備を設けなければならないと省令で定められ、建造物の不燃化や防災管理室の設置が義務付けられている。地下駅とは地下鉄のほか、都心の始終端区間で地下に乗り入れる鉄道、道路との立体交差のため地下になる区間の鉄道を含むが、プラットホーム位置が周辺の地盤より低くても掘割構造のものは該当せず、山岳トンネル内の駅は除かれている。

- プラットホーム有効長：列車の発着に通常利用する範囲をいう。
- 笠石：プラットホーム縁端上面に設置されたもの。

第3章　停車場

●大きな車庫を備えていた新橋停車場──車庫（車両基地）

　車庫とは車両の収容を行なうために使用される場所をいい、近年では車両基地とも呼ばれる。

　旅客・貨物の輸送需要に応じて車両を合理的に運用するため、車両の保守・整備・留置を行なう拠点であり、列車を運転する乗務員の運用・訓練など乗務員に関する業務を行なう場合もある。

　車庫は収容する車両に応じ、十分な収容能力を有するものでなければならず、省令で定められている車両検査修繕施設は検査・修繕する車両に応じ、十分な検査設備及び修繕設備を有するものと省令で定められている。

　車庫には入出区線・留置線・洗浄線・修繕線などの線路設備と検査庫・修繕庫などの車両検査修繕施設が設けられている。旅客車用車庫は始終着列車の多い駅構内に設置するのが一般的であるが（図16参照）、基地が大規模なものや地価の高い場所では駅と分離して設置する場合もある。

　機関車用車庫は客車用車庫や貨物駅との関連によって決められるが、コンテナ列車の両端駅に運用基地を設けて回送ロスを最小にしている場合もある。

　明治5年の創業期の鉄道では新橋停車場構内に扇形の機関車庫と客車庫が設置された（図17参照）。国鉄では電車区・客車区のように車種ごとに車庫が設置されていたが、動力近代化の推進を背景に複数の車種を一元的に管理する基地が必要となり、総合車両基地である大分運転所が昭和

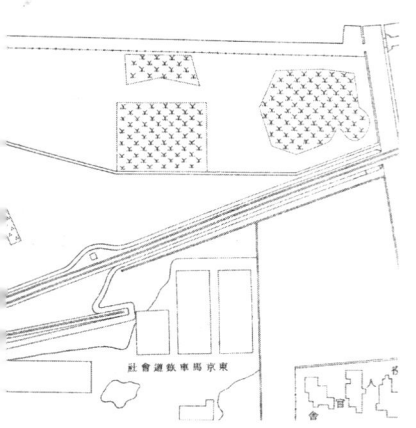

35年に開設された。これを契機に全国に運転所・運転区が開設されるようになったが、民営化後は工場施設を統合した車両センター・総合車両所等も開設され現在にいたっている。なお国鉄では車両の所属する鉄道管理局を配属局、車両基地を配置区と称していた。

車庫・車両基地（JR東日本三鷹車両センター）

- **旅客車**：旅客を輸送するために用いる車両。
- **扇形機関車庫**（せんけいきかんしゃこ）：扇形の収容庫と転車台を配置した車庫。明治期の機関車庫は、新橋・手宮車庫を除いてほとんどが矩形だったが、車両数の増加に伴い大正期以降は扇形庫が主流となった。

64

第3章 停車場

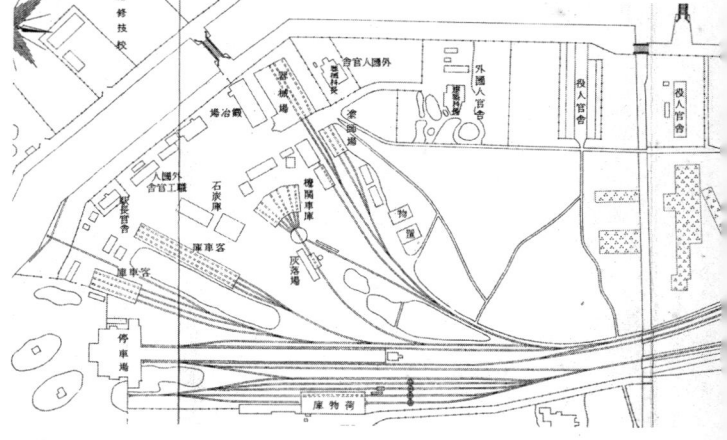

図17 新橋停車場図面（明治14年）　「日本鉄道史」より転載（縮小使用）

図16 旅客車用車庫の設置位置の例

特　徴

タイプ1

・駅の着発線と基地が直列に結ばれており、直接入区できる理想的なタイプ

・平面で上下線抱き込みの場合は将来の拡張余地を十分考慮する必要がある。

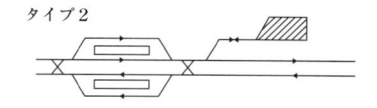

タイプ2

・本線の外側に基地があるので、入出区線が本線と平面交差のため本線ダイヤに制約が生じるので調整が必要となる。

・立体交差にするとタイプ1と同じ

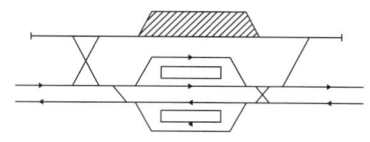

タイプ3

・着発線に並列に設けた例で本線と入出区線との平面交差のほかに引上線での折返し作業が発生する。

・引上線が両方にある場合と片方のみの場合とがある。

65

第4章 電気設備

●こんなに違う直流と交流の電圧——電気鉄道の方式と歴史

1879年にベルリン工業博覧会でジーメンス社が出品展示した電気機関車が世界最初に実用化された電気鉄道といわれている。日本の電気鉄道は明治28年に営業運転を開始した京都電気鉄道（後の京都市電）が最初で、平成24年3月現在では表7のようにJR・民鉄全営業キロ約28,000kmのうち約18000kmが電化され、名実ともに輸送の主力となっている。

日本の鉄道は直流電化と交流電化が用いられている。歴史は前者が古く京都電気鉄道をはじめとする黎明期の電気運転の電車線電圧は直流500〜600Vでスタートした。電気機器を輸入していた欧米諸国では600Vが一般に用いられていたためで、明治29年の電気事業取締規則で

66

第4章　電気設備

「電車線ニ使用スル電気ハ直流法ニシテ其ノ電圧ハ六百ヴォルト以下タルヘシ」と定められた。

大正3年には京浜線東京～横浜（高島町）間で、当時としては長大編成だった3両編成の電車運転が開始され、電車線電圧は1200Vが採用された。大正11年に東海道本線の電化工事が着手されたが、輸送量や所要電力が大きいことから、欧米諸国の事例や当時の技術レベルを考慮して1500Vが採用された。一方、既存の電化区間や戦前期の私鉄買収線区も昭和42年の富山港線（現在の富山ライトレール）の昇圧を最後に1500Vに統一され、現在にいたっている。

600Vが主流だった民鉄も大正期には1200Vが使用されるようになったが、国鉄が東海道電化の試験結果を公開したこともあって、大正11年に大阪鉄道（現在の近鉄南大阪線）をはじめとした各社で1500Vが採用されるようになった。一方、在来の600Vを使用していた大手民鉄も、戦後の輸送力増強の必要から1500Vに昇圧され、現在の日本では普通鉄道や地下鉄道の多くに1500Vが使用されている。

電気車両に用いる電動機は、起動時の回転力が強く速度制御が容易なことが必須で、これに適した直流モーターをそのまま使える直流電化が古くから用いられてきた。しかし直流電化は変電所などの地上設備が必要なことから、電力源から直接受電でき地上設備投資が低く抑えられるメリットのある交流電化が20世紀初頭から欧州諸国で試みられ、1936年にはドイツのヘレンタ

(平成24年3月現在)

直流600V	三相交流600V	電化キロ計	非電化	電化率
		9,756.2	7,792.2	55.6%
		2,620.2		100.0%
229.8		4,816.8	1,609.8	75.0%
183.8		205.4		100.0%
94.7		681.6		100.0%
	60.3	153.1		100.0%
0.3		110.6		100.0%
9.8		9.8		100.0%
518.4	60.3	18,353.7	9,402.0	66.1%

ール線が交流電化された。第二次大戦後にドイツを占領してヘレンタール線を接収したフランスは、ヘレンタール線の資材を転用してサボア線を交流電化し成功を収めた。

これに刺激された国鉄は商用周波数を用いた交流電化の検討に着手し、交流から直流に交換する整流器を用いた方式などの機関車を開発した。試作機関車は試験線区の仙山線で予想外ともいえる高性能を実証し、北陸本線や東北・九州地区は交流電化で進める方針が定められた。当時の交流電化はドイツが15000V、フランスが25000Vを採用していたが、日本では絶縁離隔の問題や一般電力系統に20000Vの機器が使用されていたことなどの理由から20000V（東日本は50Hz、西日本は60Hz）が採用され、その後の新幹線では国際標準規格の25000Vが採用されている。

現在の標準電圧の一例として解釈基準では表8のように記され、多種の電圧が用いられた直流電車線も現在では3種類に集

第4章　電気設備

表7　JR・民鉄の電化キロ

事　業　者		交流25000V	交流20000V	直流1500V	直流750V
JR	在来線		3,411.1	6,345.1	
	新幹線	2,620.2			
民鉄	普通鉄道		400.4	4,080.9	105.7
	路面電車			21.6	
	地下鉄道			454.4	132.5
	案内軌条式			42.6	50.2
	モノレール			92.5	17.8
	無軌条電車				
合計		2,620.2	3,811.5	11,037.1	306.2

注　鋼索鉄道・スカイレール・名古屋ガイドウェイバスを除く

表8　電車線路の標準電圧

種　類	架設方式	標準電圧
普通鉄道 新幹線鉄道	架空単線式	直流1500,750,600V 単相交流20000V（新幹線は25000V）
	サードレール式	直流750,600V
モノレール 浮上式鉄道	剛体複線式	直流1500,750,600V
新交通システム	剛体複線式	直流750,600V 三相交流600V
	架空単線式	直流1500,750,600V
トロリバス	架空複線式	直通750,600V
鋼索鉄道	架空単線式または 架空複線式	直通300V 単相交流300V

約されている。なお鋼索鉄道は大電流を必要としないので、300V以下の低圧が一般に使用されている。

・**電車線**：集電装置を通じて車両に電気エネルギーを供給する電線。
・**架空電車線**：車両の屋根上に取り付けられた集電装置を通じて電気エネルギーを供給する電線。

‖ コラム⑤ ‖ 鉄道事業者の電力供給事業

電気鉄道黎明期の頃は電力供給事業が普及していなかったことから、電源を確保するため鉄道事業者は発電所を建設し、この余剰能力を有効活用するため電力供給事業を兼営し、公営の路面電車も東京市電気局・大阪市電気局のように電力供給事業と同一組織で運営されていた。大正期以降は電力供給会社が成長し、鬼怒川水力電気が昭和初期に開業する小田原急行鉄道（現在の小田急電鉄）の筆頭株主になるなど、電力供給会社が鉄道事業を直営したり、系列下に置いたりするようになった。しかし太平洋戦争時の昭和17年、配電統制令により全国732の電力供給会社が最終的には全国9配電会社と日本発送電に統合されて私鉄各社から電力供給事業が分離され、公営の大阪市電気局も交通局に改組された。平成25年現在で配電会社が直営している鉄道事業は、関西電力のトロリバス（扇沢〜黒部ダム間）だけである。

一方の国鉄は電気運転の伸展とともに火力・水力発電所を建設し、戦前・戦中期まで運転用電力の過半数を自営電力でまかなうようになっていた。これらの設備は電力会社に譲渡されることなく戦後の国鉄に引き継がれ、現在のJR東日本川崎火力発電所・信濃川水力発電所にいたっている。

JR東日本信濃川水力発電所

第4章 電気設備

● 電車はどうやって電気をもらうのか——電車線路と電車線電圧

電気車両の運転は外部から電気の供給が必要で、変電所からの電力を車両へ供給する設備を電車線路と称している。電車線路の架設方式は架空単線式または架空複線式とし、地下式構造・高架式構造その他、人の容易に立ち入ることができない専用敷地内の普通鉄道ではサードレール式、モノレール・新交通システム・浮上式鉄道では剛体複線式にできると解釈基準に記されている。旧省令では鉄道の種類ごとに架設方式が決められていた（たとえば普通鉄道は架空単線式）が、現行省令の解釈基準では鉄道事業者の選択肢が拡大されている。

電気運転創始期にアメリカ人のスプレーグがトロリポールでトロリ線で集電する方式を実用化したが、これに由来して架空電車線はトロリ線と称している。トロリ線は電流容量が小さいので、直流電化区間では並行して太い電線を架設し、一定間隔でトロリ線に給電している。これをき電（饋電）といい、太い電線をき電線という。交流電化区間では通信線等への誘導障害を軽減するため、沿線に張った太い電線に帰線電流を流しているが、吸上変圧器（Booster Transformer）を用いたBTき電、または単巻変圧器（Auto Transformer）を用いたATき電が使用されている。この電線はトロリ線にき電しないが、それぞれ負き電線・ATき電線と呼ばれている。

表9 電車線の電圧

標準電圧	最高電圧（V）	最低電圧（V）
直流　　1500V	1800	1000
直流　　750V	900	500
直流　　600V	720	400
単相交流25000V（新幹線）	30000	22500
単相交流20000V（在来線）	24000	16000
3相交流　600V（特殊鉄道の一例）	595	400

剛体複線式の電車線路
（埼玉新都市交通）

上面防護板を設けたサードレール。台車には集電靴がある（東京メトロ銀座線）

　電車線の電圧は列車の適正な運行を確保するため、十分な値に保たなければならないと省令で定められている。電車線路の電圧は負荷状況により変動が大きいため、標準電圧で定めるのが一般的で、最高電圧・最低電圧は表9の値が用いられている。

　サードレールは走行レールに並行して集電用レールを敷設する方式で、トンネル断面が小さくできること、駅間距離が短く列車速度が高くないことから、主に地下鉄で採用されている。この方式は電車線路高さが低いことから、人が容易に触れるおそれのないよう防護設備を設けることと解釈基準に記され、駅中間部では写真のように上面防護板を施設する例が多い。サードレールと上面防護板は絶

第4章 電気設備

縁間隔を考慮して75mm以上と解釈基準に記され、長大なトンネル内に設けるき電線（架空電車線を除く）は発火時の延焼防止のため不燃性ケーブルを使用するなどの措置を施すことと解釈基準に記されている。ここで長大なトンネルとは、

・市街地の地下に設けるトンネルで、1つのトンネル長さが1.5kmを超えるもの
・市街地の地下以外に設けるトンネルで、1つのトンネル長さが2kmを超えるもの
・トンネル内の駅間距離（ホーム端距離）が1kmを超えるもの
・トンネル端と最寄駅ホーム端との距離が1kmを超えるもの

をいい、山岳トンネル・海底トンネル・地下鉄道のトンネル等と雪覆いを含めてトンネルと総称している。なおトンネル以外の区間を鉄道関係者は「明り区間」と通称している。

モノレール・新交通システム等を対象とした剛体複線式は、人が容易に立ち入ることができない箇所に敷設されること、

単語エクスプローラ

・**架空単線式**：車両の集電装置に電力を供給する1本の電車線（正極電車線）を架設し、帰線（負極）には走行用レールを使用する方式。
・**架空複線式**：正負2本の電車線を架設する方式。
・**地下式構造の鉄道・高架式構造の鉄道**：地表面から隔離された構造になっているもので、一般の人が容易に立ち入らない鉄道をいい、前者は一般に地下鉄といわれる大都市の道路下のトンネル内を走行する都市高速鉄道を指す。
・**その他、人の容易に立ち入ることができない鉄道**：踏切道がなく、高い塀・金網等をめぐらせた形態の鉄道を指す。
・**サードレール式**：走行レールに並行して集電用として3本目のレールを敷く方式で、従来は第3軌条式と呼ばれていた方式。
・**剛体複線式**：走行桁・走行路壁等に2本の電車線路を取り付ける方式。
・**誘導障害**：高電圧の送電線（たとえば電車線）に接近した通信線が電車線から受ける誘導電圧により生ずる雑音等の障害。

走行レールがないので正負電車線（または3相交流電車線）から集電すること、が前提となるので、地平部に敷設する箇所では人が容易に立ち入ることができないよう柵や塀を設置して安全を確保する必要がある。

●想像上の鉄道路線……ではありません──架空電車線

　架空単線式の電車線路はカテナリーちょう架式が一般に使用されている。トロリ線高さをほぼ一定にでき、高速走行に適した方式で、ちょう架方式は列車速度に応じて図18のような方式があり、ハンガーの間隔は長いと電車線の弛みが大きくなるので5mを標準と解釈基準に記されている。ちなみにカテナリーの名称は、ロープや電線などの両端を持って垂らしたときにできる懸垂曲線（カテナリー曲線）に由来している。

　普通鉄道では剛体ちょう架式・直接ちょう架式（図19参照）も使用可能である。前者はちょう架用剛体の下面に電車線を支持する方式で、トンネル高さを低くできる利点があることから地下鉄に広く採用されている。当初は最高時速70km以下で走行する区間に限られていたが、電車線・集電装置の改良により時速130kmまで可能となっている。後者は電車線を架線金具で直接ちょう架する方式で、高速運転には適さないが建設費が低廉なことからローカル線電化区間で採用さ

第4章　電気設備

図18　主なカテナリーちょう架方式

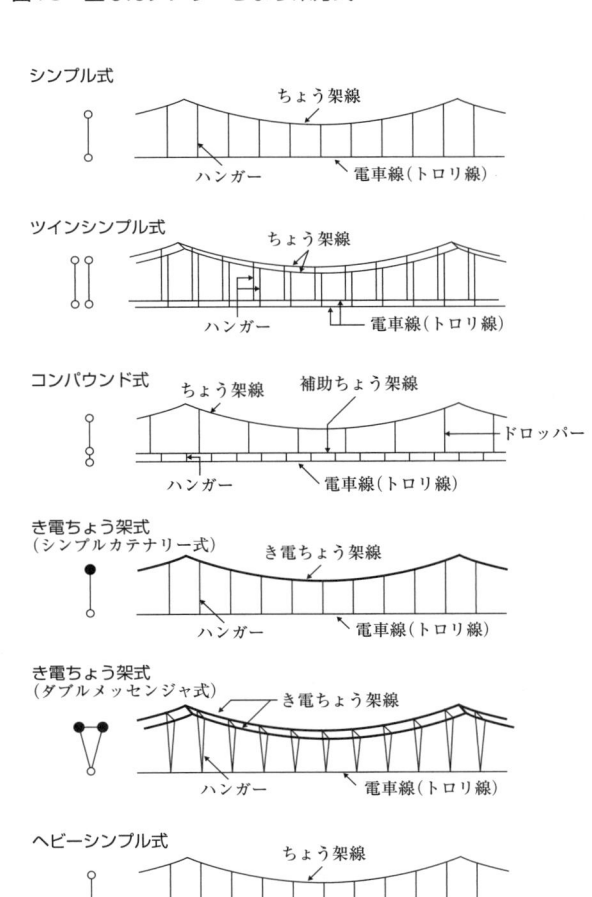

シンプル式
- ちょう架線
- ハンガー
- 電車線（トロリ線）

ツインシンプル式
- ちょう架線
- ハンガー
- 電車線（トロリ線）

コンパウンド式
- ちょう架線
- 補助ちょう架線
- ドロッパー
- ハンガー
- 電車線（トロリ線）

き電ちょう架式
（シンプルカテナリー式）
- き電ちょう架線
- ハンガー
- 電車線（トロリ線）

き電ちょう架式
（ダブルメッセンジャ式）
- き電ちょう架線
- ハンガー
- 電車線（トロリ線）

ヘビーシンプル式
- ちょう架線
- ハンガー
- 電車線（トロリ線）

図19　直接ちょう架式

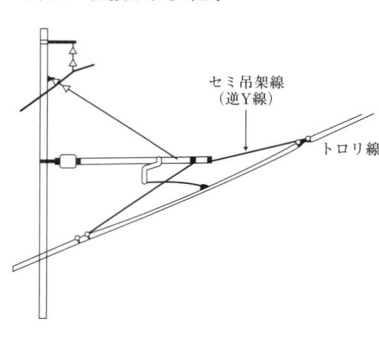

セミ吊架線
（逆Y線）
トロリ線

れている。なお電気鉄道黎明期の頃は市街地では架空複線式を使用したが、大正期には構造が簡単で運転保安上も有利な架空単線式へ次第に移行していった。現行省令の解釈基準では普通鉄道も架空複線式の採用が可能だが、平成25年3月現在ではトロリバスで使用されているだけで現存はしていない。

架空電車線の高さは原則として、普通鉄道ではレール面上5m以上5・4m以下（軌間762㎜の鉄道は5m以上5・2m以下）、新幹線鉄道はレール面上5mを標準とし4・8m以上5・3m以下、剛体複線式電車線の地上面上高さは5m以上と解釈基準に記されている。架空電車線の高さは大正8年に制定された「電気工作物規程（逓信省）」で16尺（約5m）と定められたが、国鉄では約17フィートを標準としていたことから、その換算値の5・2mが標準高さと定められ、新幹線鉄道は高速度の集電特性などを考慮して5mを標準高さと定められたのである。

パンタグラフなどの集電装置のすり板はトロリ線との摩擦熱や集電電流の発熱により摩耗したり溶融したりする。すり板との接触位置を移動して摩耗量を減らすため、架空単線式の電車線は

第4章　電気設備

剛体ちょう架式の架空電車線（東京メトロ有楽町線）

き電ちょう架式の架空電車線

少しジグザグに張る必要があることから、電車線は軌道中心から250mm（新幹線鉄道は300mm）までの範囲で偏倚が可能と解釈基準に記されている。

単語エクスプローラー
・**架線**：ちょう架線・ハンガー・電車線（トロリ線）の総称を一般にいう。なお架線の読みは「かせん」が正しいが、鉄道関係者は「がせん」と発音することが多い。
・**径間**：架空電車線の支持点の区間。
・**集電**：電気車両が電車線路から電気エネルギーを取り入れること。

第5章 信号保安設備

●合図も標識も信号の仲間──鉄道信号

鉄道の運転は、運転を係員に委ねる方法と運転制御を装置に委ねるシステムがある。係員と装置に対して伝える必要のある運転条件を広義の情報とすると、地上から車上に伝送する部分を制御情報、係員に対する情報を鉄道信号と区分されている。鉄道信号というと色灯式信号機が連想されるが、

・信号：係員に対して列車等を運転するときの条件を現示するもの
・合図：係員相互間で、その相手方に対して合図者の意思を表示するもの
・標識：係員に対して、物の位置、方向、条件等を表示するもの

第5章 信号保安設備

車止標識

の総称で、列車の運転は鉄道信号の現示または表示[*]にしたがわなければならず、鉄道信号の現示装置及び表示装置の構造、現示、表示の方法、施設方法は誤認を与えるおそれのないものでなければならないと省令で定められている。

[*]信号機は信号を現示する装置で表10のように分類され、車内信号機は運転室に信号を現示することからキャブシグナルと、常置信号機などの地上信号機はウェイサイドシグナルと称される。また信号には、列車に進路の開通状態を指示するルートシグナル（進路表示方式）と、列車に運転速度を指示するスピードシグナル（速度信号方式）があり、日本ではルートシグナルを土台として昭和40年代にスピードシグナルの考え方が導入されて現在にいたっている。

合図には、列車が出発するときの出発合図、列車

用語	定　義
場内信号機	停車場に進入する列車に対する信号機
出発信号機	停車場から進出する列車に対する信号機
閉そく信号機	閉そく区間に進入する列車に対する信号機
誘導信号機	場内信号機・入換信号機に進行現示してはならないとき、誘導を受けて進入する列車（車両）に対する信号機
入換信号機	入換をする車両に対する信号機
遠方信号機	場内信号機に従属して、その外方で信号現示を予告する信号機
通過信号機	出発信号機に従属して、その外方で信号現示を予告し、停車場通過の可否を知らせる信号機
中継信号機	場内信号機・出発信号機・閉そく信号機に従属して、その外方で信号現示を中継する信号機
—	—

—	—
徐行信号機	徐行運転を必要とする区域に進入する列車（車両）に対し、徐行を指示する信号機
徐行予告信号機	徐行信号機の外方で徐行運転を予告する信号機
徐行解除信号機	徐行運転を必要とする区域から進出する列車（車両）に対し、徐行解除を指示する信号機

常磐線の交直切換え区間（デッドセクション）に設置された架線終端標識

第5章 信号保安設備

表10 信号機の種類

用語	定義	用語	定義
常置信号機	一定の防護区域をもっている信号機	主信号機	一定の防護区域をもっている信号機
		従属信号機	主信号機に従属する信号機
		信号付属機	主信号機・従属信号機に付属して、その信号機の指示条件を補うために設ける進路表示機・進路予告機の総称
車内信号機	車内で列車の許容運転速度を示す信号を現示する信号機で、地上設備・車上設備からなる			
臨時信号機	列車（車両）の平常運転ができない場合、臨時に設ける信号機			

表11 列車間の安全確保の方法

閉そくによる方法	本線を一定区間（閉そく区間）に分け、その区間を1列車に占有させて安全を確保する方法
列車間の間隔を確保する装置による方法	先行列車との間隔及び進路の条件に応じて、列車の運転速度を自動作用により制御する機能をもった装置を使用して安全を確保する方法
動力車を操縦する係員が前方の見通しその他列車の安全な運転に必要な条件を考慮して運転する方法	動力車を操縦する係員が前方の見通し範囲内で、進行方向の列車等の所在を確かめて停止できる速度で運転することにより安全を確保する方法

の汽笛合図などがあり、列車が危険を警告するときは短急汽笛数声、接近を知らせる必要があるときは長緩汽笛一声が一般に用いられている。標識には後述する列車標識のほか、閉そく信号標識など信号機に関する標識、車止標識など進路・線路に関する標識、架線終端標識など電車線路に関する標識などがある。

列車間の安全を確保できるよう、現行の省令では表11のいずれかの方法により運転しなければならないと定められ、普通鉄道では一般に閉そくによる方法が採用されている。閉そくを確保する装置は進路上の閉そく区間の条件に応じた信号を現示し、または閉そくの保証を行なうことができるものでなければならないと省令で定められている。列車間の間隔を確保する装置による方法は、後述するATC（ATO）装置を用いた新幹線鉄道などが該当する。また動力車を操縦する係員の注意による方法は、閉そく信号機やATC装置が故障した場合に動力車を操縦する係員が前方見通しの範囲内で停止できる範囲の速度以下で運転し安全を確保する方法で、いわゆる無閉そく運転*や特殊隔時法*による運転などが該当する。

- 現示：信号の指示内容を表すこと。
- 表示：合図・標識などで条件・状態を表すこと。
- 信号機：常置信号機・車内信号機・臨時信号機の総称。
- 閉そく：一定の区間に同時に2以上の列車を運転させないために、その区間を1列車の運転に占有させること。
- 無閉そく運転：閉そくによる列車運転ができなくなった場合、運転士の注意力に依存して列車を運転する方式。
- 特殊隔時法：閉そくによる列車運転ができなくなった場合、停車場から一定の時間間隔をおいて列車を出発させる方式。

第5章　信号保安設備

●配列の違いはフィロソフィの相違？——自動閉そく式と信号機

列車の運転に常用する閉そく方式は自動閉そく式が一般に使用されている（図20参照）。場内信号機・出発信号機・閉そく信号機の防護区域内に設けた軌道回路等の列車検知装置により、信号機の現示を自動制御するシステムで、効率的な運用を行なうため複線区間では一般に3位式信号機が使用されている（図21・22参照）。色灯式信号機の灯は直径100㎜以上、間隔は200㎜（トンネル内は180㎜）以上、また逆光時の信号現示確認を容易にするため背板は黒と解釈基準に記されている。

閉そく方式には自動閉そく式のほか、閉そく区間の両端停車場に設けた1組のタブレット閉そく機から取り出したタブレットを使用するタブレット閉そく式などがある（図23参照）。1個のタブレットにより閉そく区間を1列車に占有させることで閉そくの保証を行なう（列車の安全を保証する）方式で、輪形の通票キャリアに入れて乗務員が携行する光景はローカル線の代名詞として永らく用いられていたが、自動閉そく化（自動信号化）などにより腕木式信号機とともに、21世紀では「絶滅危惧種」となっている。

日本の鉄道の創業期はセマフォ相図柱と呼ばれた両腕信号機が使用され、その後明治37年に甲

武鉄道飯田町（廃止）〜新宿間の電車運転開始と併せて自動信号が採用された。初期の自動信号は円板式が使用されたが、大正4年に京阪電気鉄道で3位色灯式自動信号機が採用された。視認性に優れ、腕木式に比べて故障の少ない色灯式は大正年間の後半から普及するようになり、現在にいたっている。

停止信号が現示されたときはこれを越えて進行することはできないが、取扱いの誤りや誤認などによって停止信号を越えて進入することを信号冒進と称している。ところで三現示の鉄道信号はG灯（緑）が最上位なのに対し、道路交通信号機はR灯（赤）が最上位に設けられている。これは双方の考え方の相違による（ある文献ではフィロソフィの相違と記されている）もので、鉄道信号は進行が定位なことからG灯を最上位としたこと、冬期の積雪で庇の直上の色灯が見えず追突事故があった教訓から現在の灯配列にいたっている。一方の交通信号は順調に流れる道路通行を停止信号により制御するという考えから遠方からでも確認できるようR灯を最上位としたといわれている。蛇足ながらG灯は一般に青信号と呼ばれるが、日本では青葉のように緑を青と表現する

単語エクスプローラー

・**防護区域**：信号機により防護する閉そく区間。
・**軌道回路**：列車または車両を検知するために、レールを用いる電気回路。
・**2位式信号機**：G灯とR灯によって信号機内方の1閉そく区間だけの進路の状態を示す信号を現示する信号機で、ルートシグナルの基本形。
・**3位式信号機**：G灯・R灯・Y灯（黄）によって信号機内方の2閉そく区間以上の進路の状態を示す信号を現示する信号機で、2位式にスピードシグナルの考え方を取り入れた方式。

第5章　信号保安設備

図20　自動閉そく式の区間の例

自動区間（複線区間）

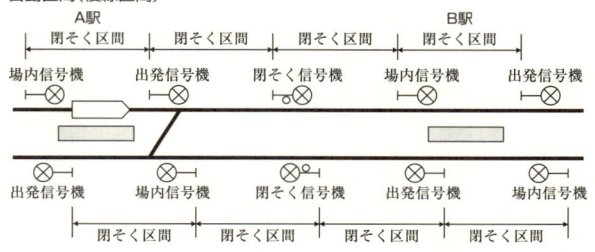

自動区間（単線区間）

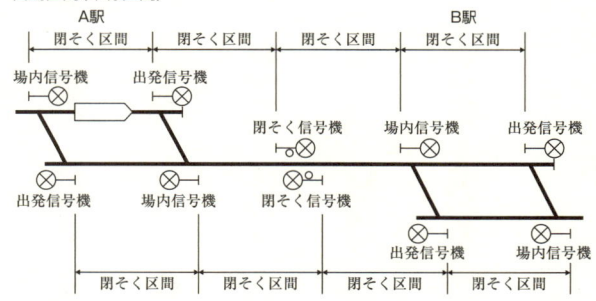

図21　信号現示の体系

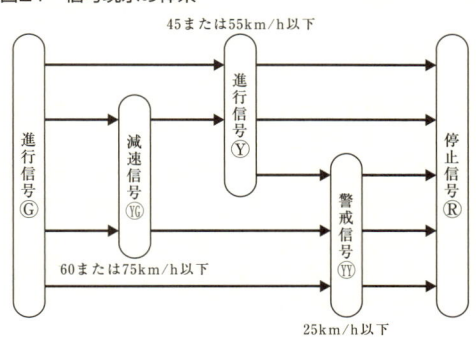

こと、「みどりしんごう」よりも語呂がよいことから青信号と呼ばれるようになったといわれている。

図22 自動閉そく区間の信号現示方式

名　称	場内信号機	出発信号機	閉そく信号機		
信号現示	停止信号	警戒信号	注意信号	減速信号	進行信号
二現示	R	/	/	/	G
三現示	R	/	Y	/	G
四現示	R	/	Y	Y/G	G
四現示	R	Y/Y	Y	/	G
五現示	R	Y/Y	Y	Y/G	G

鉄道信号の図面などに使用する図記号はＪＩＳ規格で定められている。

信号機にはさまざまな図記号があるが、図20や図23の場内信号機に記された記号（⊗）は、多灯形の3位式信号機（停止、注意及び進行を表示するもの）を表している。

また図23の分岐器に記された3本の縦線は毛羽と称し、固定式クロッシングの定位開通方向を示している。

第5章　信号保安設備

図23　タブレット閉そく式の設備概略図

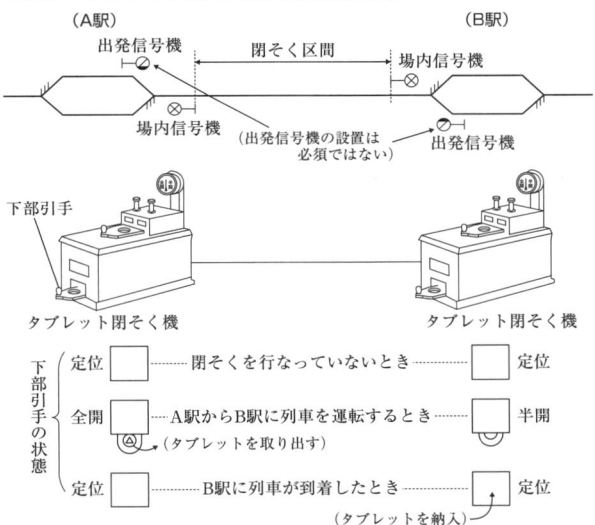

（A駅）　　　閉そく区間　　　（B駅）
出発信号機　　　　　　　　場内信号機

場内信号機　（出発信号機の設置は　出発信号機
　　　　　　必須ではない）

タブレット閉そく機　　　　　タブレット閉そく機
下部引手

下部引手の状態

定位　───　閉そくを行なっていないとき　───　定位

全開　───　A駅からB駅に列車を運転するとき　───　半開
　　（タブレットを取り出す）

定位　───　B駅に列車が到着したとき　───　定位
　　　　　　　　　　　　　（タブレットを納入）

腕木式信号機。腕木が下りると進行

87

●昭和41年に国鉄全線で設置 ── 自動列車停止装置（ATS）

閉そくによる方法により列車を運転する場合は、信号の現示・線路の条件に応じて自動的に列車を減速または停止させることができる装置を設けなければならないと省令で定められ、この場合は自動列車停止装置（ATS）または自動列車制御装置（ATC）を設けることと解釈基準に記されている。

列車は信号の指示する条件にしたがって運転することにより、衝突・脱線等の事故を防止してきたが、高速化や高密度運転化に伴い運転士の信号見落とし等による事故が増加した。このため列車が停止信号を見落として進入しようとした場合は自動的にブレーキをかけて停止させるATSが開発・導入された。

ATSは戦前期の東京・大阪の地下鉄で打子式が実用化されたのが最初で、国鉄では昭和41年4月から全線で使用開始された。公民鉄では昭和35年に開業した都営地下鉄浅草線でATSが使用されたが、41年に衝突事故が続けて発生したことから運輸省はATSの整備を通達し、大手民鉄と相模鉄道・山陽電気鉄道では43年度までに設置された。このATSは制限速度に対して列車速度が超過していないかチェックする速度照査機構の設置が義務付けられたが、各社の輸送条件

88

第5章　信号保安設備

図24　ATS-S作用例

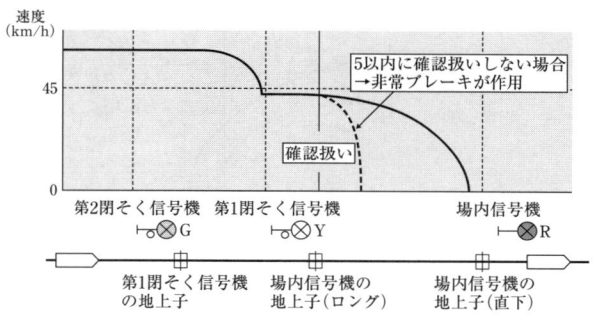

などもあって仕様は統一されず、各社各様の方式が用いられている。

線路の条件（曲線・分岐器の速度制限等）に応じて自動的に列車を減速または停止させることのできる装置は、平成17年4月に発生した福知山線での脱線事故を教訓に適切な速度調節のバックアップ機能としての設置が義務化されたが、現行省令の施行後最初に行なう改造工事が完成するまでの間は、従前の例によることができるとされている。ATSの機能として、主信号機が停止信号を現示している場合に所要の位置で列車のブレーキ操作が行なわれないとき自動的に当該信号機の外方に列車を停止させるものであること、主信号機が停止信号を現示している場合に所要の位置で一定の速度を超える速度で列車が走行しているときに、自動的に当該信号機の外方に列車を停止させるものであることと解釈基準に記されているが、前者は速度照査機能をもたないATS-S（図24参照）など、後者は速度照査型ATSの機能が規定されている。

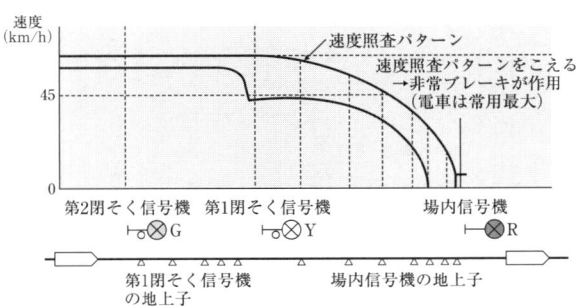

図25　ATS-P作用例

速度(km/h)

速度照査パターン
速度照査パターンをこえる
→非常ブレーキが作用
（電車は常用最大）

45

第2閉そく信号機　第1閉そく信号機　　　　場内信号機
　　⊗G　　　　　　⊗Y　　　　　　　　⊗R

第1閉そく信号機　　　場内信号機の地上子
の地上子

なお地上から車上へのATS情報の伝送方式には点制御式と連続制御式があり、ATS-Sのように地上子から車上子に伝送する方式は前者に属している。

国鉄では昭和29年から車内警報装置の使用を開始したが、同装置設置区間の東京〜有楽町間で35年1月に発生した準急「はまな」衝突事故を教訓に、停止機能を持たせた警報装置の開発が決定され、さらに37年5月に発生した三河島事故の教訓からC形車内警報装置に停止機構を付加したATS-Sが開発され、41年4月から国鉄全線で使用開始された。当初はA・B形車内警報装置に停止機構を付加したATS-A・Bも併用されたが、いずれも現存していない。その後、速度照査パターンを持つATSの開発に着手し、関西線での試験結果から情報量を増加できるトランスポンダを用いたATS-P（図25参照）が開発され、62年3月から使用開始された。このATS-Pは民営化後に大都市圏の電車区間（国電区間）を中心に導入され、現在にいたっている。なお既存のATS-Sの

90

第5章　信号保安設備

ATSの地上子

資産を活用して保安度向上を図ったATS-SNなどの改良形がJR各社で実用化されている（表12参照）。

表12　ATSの開発導入経緯

主な事故	実施事項
昭22. 9　京浜東北線 上野〜鶯谷間衝突事故	昭29.12　B形車内警報装置を国電区間に設置
昭31.10　参宮線六軒駅衝突事故	昭35. 3　A形車内警報装置を主要線区に設置
	昭36. 5　C形車内警報装置を裏縦貫線に設置
昭37. 5　常磐線三河島衝突事故	昭41. 4　ATS国鉄全線設置使用開始
昭37.11　羽越線羽後本荘〜羽後岩谷間衝突事故	
昭48.12　関西線平野駅脱線事故	昭55. 5　変周式ATS-P関西線で試用開始
昭59.10　山陽本線西明石駅構内脱線事故	昭62. 3　トラポン式ATS-P山陽本線で使用開始
昭39. 3　名鉄新名古屋駅構内衝突事故	昭43. 7　名古屋鉄道ATS設置
昭41. 7　名鉄常滑線大江駅構内衝突事故	昭42. 1　運輸省が大手民鉄にATS緊急整備指示
昭41.11　近鉄国分駅構内衝突事故	43年度末までに設置完了

・**自動列車停止装置（Automatic Train Stop）**：列車が停止信号に接近すると、列車を自動的に停止させる装置。
・**速度照査**：制限速度に対し、列車速度が超過していないかチェックすること。
・**信号機の外方**：信号機が信号を現示している方向。
・**信号機の内方**：信号機が信号を現示していない側で、列車を防護している方向。
・**ＡＴＳ-Ｓ**：ＳはStopに由来する（Standardという説もある）。
・**点制御**：地上からの制御情報を、特定地点で車上に伝送することによって行なう列車の制御。
・**連続制御**：地上からの制御情報を、連続的に車上に伝送することによって行なう列車の制御。
・**車内警報装置**：列車が停止信号を現示した地上信号機に接近したとき乗務員に警報を発する装置。
・**トランスポンダ（TRANSmit resPONDER）**：地上子と車上子間でデジタル情報伝送を行なう装置。

●新幹線よりも早かった営団地下鉄――自動列車制御装置（ATC）

ATCは、ATSの機能を前進させて更なる保安度向上と輸送能率向上を目指して開発された装置で、地上からの信号・速度情報により自動的にブレーキをかけ、制限速度以下になればブレーキを緩める機能をもち、新幹線鉄道や大都市圏の普通鉄道などで広く使用されている。

ATCは地上信号機のウェイサイド方式と車内信号機のあるキャブシグナル方式に大別される。前者は後年に誕生するATS-Pと同様に運転士のバックアップとして制限速度以上のとき自動的にブレーキを動作させる方式で、昭和36年3月に日本最初でATCを使用した営団地下鉄（現在の東京メトロ）日比谷線（南千住～仲徒町間）はこの方式である。後者は地上信号機が無く、運転士は車内信号（速度計）に表示された信号現示と制限速度に基づいて運転するATC優先の方式で、運転士の肉眼で信号確認するのは不可能な東海道新幹線で使用された。翌40年に開業した名古屋地下鉄名城線ではキャブシグナル式が採用され、その後国鉄在来線・公民鉄でATCが採用された線区はキャブシグナル式が主体となっている。

ATCの制御は多段ブレーキ制御方式と一段ブレーキ制御方式があり（図26参照）、前者は停止までの閉そく区間ごとに制限速度を設定して減速制御する方式である。後者は多段制御方式の中

第5章 信号保安設備

図26 ATCの作用例

(1) 多段制御ATC(速度信号式)

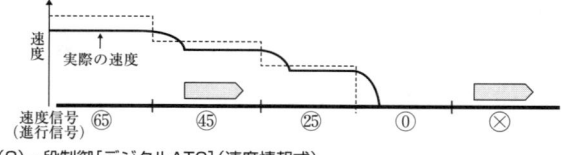

速度
↑ 実際の速度

速度信号 ㊺ ㊺ ㉕ ⓪ ⊗
(進行信号)

(2) 一段制御[デジタルATC](速度情報式)

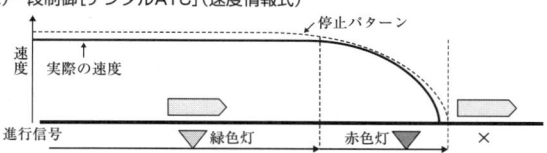

停止パターン

速度
↑ 実際の速度

進行信号 ▽ 緑色灯 赤色灯 ▽ ×

図27 パターン制御式ATC

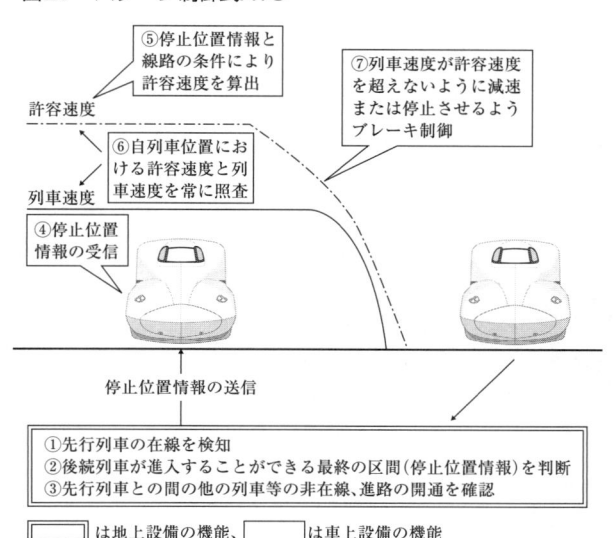

許容速度

⑤停止位置情報と線路の条件により許容速度を算出

⑦列車速度が許容速度を超えないように減速または停止させるようブレーキ制御

列車速度

⑥自列車位置における許容速度と列車速度を常に照査

④停止位置情報の受信

停止位置情報の送信

①先行列車の在線を検知
②後続列車が進入することができる最終の区間(停止位置情報)を判断
③先行列車との間の他の列車等の非在線、進路の開通を確認

[　　　]は地上設備の機能、[　　　]は車上設備の機能

間の速度段(ブレーキ空走距離)を省略して先行列車が在線する閉そく区間までに停止するよう速度制御パターンに沿って減速制御し、更なる運転時隔の短縮や高密度運転を可能とした方式である(図27参照)。多段ブレーキ制御方式の地上設備は、列車に対して進路上にある列車等との間隔・線路の条件に応じた運転速度を指示する制御情報を連続して示すものであること、また一段ブレーキ制御方式の地上設備は、列車の運転速度が制限される箇所までに減速でき、かつ停止を指示する区間までに停止できる運転速度を指示する制御情報を連続して示すものであること、などが解釈基準に記されている。

ＡＴＣ化直後の京浜東北線。信号機に×印が掲示されている

・自動列車制御装置(Automatic Train Control):列車速度を自動的に制限速度以下にする装置。

●運転士が乗っていない列車もある——自動列車運転装置（ATO）

ATOは発車制御、定時運転制御、定位置停止制御（TASC）などの機能を自動的に行なう装置で、乗降する旅客の安全が確認された後でなければ列車を発車させることができないこと、ATC等運転保安上必要な機能を有すること、旅客の乗降に支障を及ぼさない位置に円滑に列車を停止できること、などの要件が解釈基準に記されている。

列車の運転にあたり「列車間の間隔を確保する装置による方法」の装置は、進路上の他の列車等との間隔・線路の条件に応じて連続制御を行ない、自動的に列車を減速または停止させることができるものでなければならないと省令で定められている。これは本線を閉そく区間に分けず、衝突や脱線を防止するため地上からの制御情報により列車のブレーキ制御を自動的に行なう方法で、ATC・ATO優先で運転が行なわれるモノレール・新交通システム・浮上式鉄道や新幹線鉄道のようなキャブシグナル方式のATCが該当する。

ATOによるノーマン運転
（日暮里・舎人ライナー）

ATOは営団日比谷線で昭和38年から試験が開始された。本格的実用化は51年に開業した札幌市営地下鉄東西線、52年に開業した神戸市営地下鉄西神線で、その後56年に開業した神戸と大阪の新交通システムで無人運転が実用化された。動力車を操縦する係員が乗務しない列車の運転(ノーマン運転・ドライバーレス運転)を行なう場合はATOの設置が義務付けられ、ATO故障時のバックアップとしてATC設置が必要条件とされているほか、高架式構造など線路の安全確保、避難誘導路設置など事故の拡大防止、異常時の旅客の安全確保が要件として定められている。

== コラム⑥ == **列車集中制御装置(CTC)と遠隔制御装置(RC)**

列車集中制御と呼ばれるCTCは、1カ所の制御所で制御区間内各駅の信号保安装置を制御するとともに列車運転を指令する装置で、中央制御所に列車の運転状況を表示する表示盤と停車場の信号・分岐器の遠隔操作を行なう制御盤などで構成されている(図28参照)。日本では昭和29年に京浜急行電鉄と名古屋鉄道の一部線区で導入されたのがはじまりで、39年に開業した東海道新幹線全線で本格的に導入された。近年では列車の進路設定や旅客案内機器の制御機

- 自動列車運転装置(Automatic Train Operation):列車の速度制御や停止などの運転操作を自動的に制御する装置。
- TASC(Train Automatic Stop-position Controller):駅の所定位置に列車を自動的に停止させる装置。
- ノーマン運転:運転士を含めた係員が全く乗務しない形態での営業運転。
- ドライバーレス運転:運転士が乗務せず車掌だけが乗務する形態での営業運転。

第5章　信号保安設備

図28　CTCシステムの構成(例)

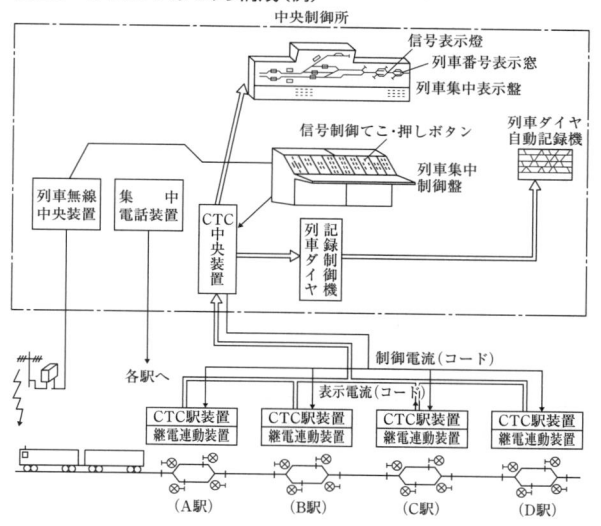

能も付加した運行管理システムが多くの鉄道事業者で採用され、自*動進路制御装置をPRC、列車運行制御装置をPTCと称している。

なおRCも遠隔地の信号保安装置を制御する意味ではCTCと同じだが、CTCは運転制御の権限が制御所の指令員に与えられているのに対し、RCの取扱者には与えられていないことで区別されている。

単語エクスプローラー

・列車集中制御装置：Center Traffic Controlの略。
・遠隔制御装置（Remote Control）：信号保安装置を隔たった地点で操作する装置。
・自動進路制御装置（Programmed Route Control）：列車の進路設定をプログラム化して自動的に制御する装置。
・列車運行制御装置（Programmed Traffic Control）：列車運行に伴う業務を総合して管理する装置。

第6章 列車の運転

●列車と車両はどう違うのか──列車の定義

　鉄道事業の商品である旅客・貨物輸送は列車によって提供される。そもそも列車とは鉄道における運転の安全の仕組みを表す専門用語で、連結両数・総合ブレーキ力・必要な係員の乗務など輸送計画に沿って、かつ安全に停車場外の線路を運転するために欠かせない条件のすべてを備えた状態にある車両をいう。

　列車は表13のように分類され、21世紀では絶滅危惧種の混合列車は旅客列車に、工事列車・救援列車・排雪列車・試運転列車・お召し列車などは特殊列車に分類される。列車に乗務する係員

第6章　列車の運転

表13　主な列車の分類

分類	中分類	小分類
運転目的による分類	営業用列車	
	事業用列車	
運転目的による分類	旅客列車	急行列車
		普通列車
		混合列車
	貨物列車	高速貨物列車
		専用貨物列車
	特殊列車	
運転時期による分類	定期列車	
	季節列車	
	臨時列車	
動力車による分類	電機列車	
	電車列車	
	気動車列車	

は担当業務別に、

① 動力車を操縦するために乗務する係員[*]

② 列車防護、ブレーキ操作、出発合図などの運転取扱い業務を担当するために乗務する係員

③ 旅客扱い業務を担当するために乗務する係員

に分けることができる。①は一般に運転士と呼ばれる係員で、動力車別に定めた運転免許を受けた者でなければならず、職責の重要性から酒気を帯びた状態や薬物の影響により正常な操縦ができない状態で列車に乗務してはならないと省令で定められている。②は一般に車掌と呼ばれ、②は運転士のほかに乗務する係員で一般には③の業務を兼掌することが多い。③の係員は乗客案内等のサービス業務や車内秩序維持などの旅客扱い業務を担当し、戦後の一時代を飾った「つばめガール・はとガール」が代表例といえよう。

列車には動力車を操縦する係員を乗務させなければならないと省令で定められ、運転士と車掌が乗務して列車防護などの業務は車掌が担当するツーマン運転が従来は一般的だったが、運転取扱業務も運転士が兼務する一人乗務のワンマン運転も行なわれるようになっている。なおワンマン運転列車の車両設備は、運転士が保安上必要な場合には駅・運転指令所と定位置で容易に連絡できること、運転士が定位置で支障なく旅客用乗降口扉の操作及び旅客への放送ができること、などが省令で定められている。

ATOの導入などにより安全な運転に支障がない内容に整備された場合は、運転士の乗務を省略できると省令で定められている。この形態はノーマン運転またはドライバーレス運転と称され、新交通システ

八ヶ岳をバックに走る小海線の混合列車

単語エクスプローラ

・**列車防護**：列車の停止を必要とする障害が発生した場合、その発生箇所に向かって進行してくる列車を速やかに停止させるための一定の方法による措置。

・**運転士**：機関車を操縦する係員は国鉄時代には機関士と呼ばれたが、分割民営化に伴い「運転士」に統一されている。

第6章　列車の運転

ムなどで実用化されている。運転士・車掌が乗務しない形態での営業運転をノーマン運転というが、万一の緊急事態に乗客がパニックに陥るなど混乱を惹き起こさないよう運転士以外の係員として車掌が乗務する形態があり、この乗務形態をドライバーレス運転と称している。しかしそういった状況では自動運転をマニュアル運転に切り換えて対応するほうが望ましいことから運転士が乗務する形態を採ることが多く、ATOを導入する場合は対象線区・区間に応じた運転取扱いを定めることとされている。

‖ コラム⑦ ‖ **複線区間の左側通行**

日本の鉄道は明治5年9月12日（旧暦）に新橋～横浜間が開業したのがはじまりで、2年後の7年5月11日に大阪～神戸間が開業した。このうち三宮～神戸間が複線区間のはじめであるが、日本の鉄道は原則として複線は左側通行で運転されている。この経緯もゲージ選定と同様に明文化された資料は残されていないが、創業期に技術を導入したイギリスが左側通行だったことに範をとったといわれている。

諸外国のなかには右側通行の事例も見られるが、昭和62年に制定された鉄道運転規則では「上下列車を区別して運転する一対の線路においては、列車は左側の線路により運転しなければならない」と定められていた。この条文は現在の省令では廃止されたが、不文律？として現在にいたっている。

101

●身支度を整えていざ出発進行——列車の運転

省令では、車両は列車としてでなければ（車両の入換えを除いて）停車場外の本線を運転してはならないと定められている。停車場外を運転するには列車として身支度を整えなければならないといえるが、車両を列車に連結する場合は、旅客や乗務員に危害を及ぼさないよう適切な措置を講じなければならない。

・組成したすべての車両に連動して作用し、かつ車両が分離したときに自動的に作用するブレーキを使用しなければならない。

・列車のブレーキ力は線路の勾配や運転速度に応じ、十分な能力を有するものでなければならない。

などの条件が定められている。施設の状況とは線路の勾配や停車場内の線路・停車場の有効長をいい、線路の勾配とは車両の性能に応じて想定される条件下で運行計画に適合する速度で連続運

第6章　列車の運転

列車長よりも短いプラットホーム。東急電鉄大井町線九品仏(くほんぶつ)駅

転が可能で、やむを得ず勾配区間内に停車した場合でも再起動できることなどを意味している。また有効長は停車場内の両端の車両接触限界のほかプラットホームの長さをいい、旅客列車は線路有効長のほかプラットホームの長さも考慮して連結両数を定める必要があるが、列車運用上やむを得ない場合は、ドアの非扱いを行なうなど旅客の転落の危険防止措置を講じることでプラットホームより長い列車の運転も可能と解釈基準に記されている。

2両以上の車両で組成する列車には全車両に連動して作用し、かつ組成した車両が分離したとき自動的に作用するブレーキを使用しなければならないと省令で定められ、この機能をもつブレーキを貫通ブレーキと称している。列車分離は明治42年2月に天塩線(しお)(現在の宗谷(そうや)本線)の塩狩(しおかり)峠で発生した事故が

著名で、この列車の乗客だった鉄道院の長野政雄職員は、下り勾配で逆行しはじめた客車の手ブレーキ操作中に足を滑らせて転落し殉職してしまった。鉄道マンの鑑といえるその犠牲的行為は後々まで語り継がれ、宗谷本線塩狩駅には顕彰碑などが建立されている。

列車の安全確保のため貫通ブレーキが整備されていなければならないが、工事列車・救援列車など貫通ブレーキが使用できない列車を運転する場合は、分離した車両を停止措置のできる係員が乗り込むなど安全に支障を及ぼさない措置を講じることと解釈基準に記されている。また列車の運転に先だって、貫通ブレーキの機能・作用の試験は必要不可欠なことから、列車を組成したときや列車の組成を変更したときはブレーキを試験し、その作用を確認しなければならないと省令で定められている。

鉄道は列車のブレーキ力を前提に運転の安全の仕組みが構築されている。したがって列車は勾配や運転速度に応じて確実に減速または停止できるブレーキ力を持たなければ運転してはならない。鉄道車両は一般に左右一対の車輪にブレーキ力を作用させるシステムが採用されているが、列車を組成している車軸の総数をブレーキ力が作用できる車軸の総数で割った値を制動ブレーキ軸割合と称している。全車軸にブレーキが作用する100を原則と省令で定められ、制動軸割合が100に満たない列車を運転するときは運転速度が制限されている。また車輪（車軸）にブレー

第6章　列車の運転

キを作用させないシステムを採用した車両を実用に供する場合は、組成した列車の備えるべき総合ブレーキ力を考慮しなければならないと定められている。

== コラム⑧ == **列車と電車・汽車はどこが違うのか？**

列車は「電車」「汽車」と呼ぶことが多く、「電車に乗る」と一般的に用いられている。電車というのは後述するように車両そのものの名称で、停車場外の線路を運転させる目的で組成されたものは「電車列車」である。

一方の汽車は古くから親しまれた用語で、『岩波国語辞典』では「蒸気機関車が客車・貨車などを牽引する列車」と記されているが、こちらは法律で明文化されていない通称である。前述の福沢諭吉著『西洋事情』では蒸気車と称したが、後に「汽」が用いられるようになり、明治5年の創業期の鉄道では建築師長の下に車両を主管し運転を監督する「汽車監察方」なる職位が設けられ、翌6年には「鉄道寮汽車運輸規定」が制定されるなど、汽車と呼ばれるようになった。なお創業期に呼ばれた陸蒸気は、ある文献によると「蒸気船に対しての直感的な造語で、魔法の力で走ると噂していた当時の庶民の思いが表れている」と記されている。

- **危険品**：運輸省告示により高圧ガスなどの種類とアセチレンガス・天然ガスなどの品目が定められている。なお「火薬類取締法」が適用される火薬類は、危険品には該当しない。
- **列車分離**：走行中の1個列車が複数の単位に分離すること。列車運用の分割と異なり、連結器の不具合などにより発生する運転事故。
- **貫通ブレーキ**：連結された全車両に作動するブレーキ装置。
- **制動とブレーキ**：現行の省令では、制動力を作用させるシステムを「ブレーキ」、システムを作動させることを「制動」と表現しているが、本書では「ブレーキ」に統一して称する。

●富士・櫻よりも早かった浪速——列車番号の付け方と列車愛称名

列車には列車番号が付けられ、個々の列車が区別されている。列車番号の体系は鉄道事業者ごとに異なるが、国鉄・JRでは4桁以下の数字とアルファベット1文字用いて表している(回送列車や試運転列車は「回○○○M」のように列車番号の頭に略号が付く)。機関車牽引列車は数字のみでアルファベットを付けないが、表記や呼称のうえでは1レ(1列車)とするのが一般的である。4桁の数字は原則として奇数が下り列車、偶数が上り列車を表すが、東海道下り(上り)と東北・高崎上り(下り)を直通運転する湘南新宿ラインはすべて偶数番号が付けられるほか、紀勢本線新宮以西のように上下逆転した列車番号が付けられるといった例外も見られる。列車番号の4桁の数字は表14のような体系で付けられるが、運転本数の関係で電車列車の1位と10位の数字に50〜99まで使用する線区も見られる。なお大都市近郊の電車区間は運転本数が多いため「1000・100位の数字=始発駅の発時間+10・1位の数字=電車の運用番号+線区別記号(国鉄時代は所属電車区の記号)」の体系で付けられている。

表14　列車番号の付け方の原則

列車番号		列車種別
1位・10位	0〜49	旅客列車
	50〜99	貨物列車
1000位	0〜5000台	定期列車
	6000・7000台	季節列車
	8000・9000台	臨時列車

季節列車：多客の季節や曜日に運転する列車

第6章 列車の運転

 国鉄・JRをはじめとする優等列車には列車番号と別に愛称名が付けられている。そもそも列車に愛称名が付いたのは昭和4年に特急列車に「富士」「櫻」と命名されたのが最初で、不況期の旅客誘致策だったという。戦後には急行・準急にも命名され、昭和42年には360種の愛称名が全国を駆けめぐった。列車の号数は下りと上りで奇数偶数に分けられているが、これは紀勢線の特急「くろしお」で試行したところ好評だったことから53年10月ダイヤ改正で前年のヒット曲、8時ちょうどの「あずさ2号」は「あずさ3号」に変更されてしまうというエピソードが残されたが、運転本数の多い新幹線は開業当初から列車番号の下の3桁と号数が揃えられている。なお明治39年に南海鉄道（現在の南海電気鉄道）の難波〜和歌山市間の急行専用編成に「浪速（なにわ）」「和歌」の愛称名が付けられた。車両名でかつ列車名である現在の近鉄特急「アーバンライナー」の元祖的存在だが、ネームドトレインの参考記録として申し添えておこう。

昭和52年当時の特急「あずさ」

単語エクスプローラー

・**下り列車と上り列車**：原則として起点（国鉄の場合は東京）に向かう列車を上り、反対方向の列車を下り列車と称する。また東京メトロなどではA線・B線と称する場合もある。

== コラム⑨ == **列車番号のMとDの歴史**

国鉄の列車番号のアルファベットは電車列車にM、ディーゼル列車にDが付けられているが、この体系が確立したのはディーゼル特急をはじめとした優等列車が全国に整備された昭和36年10月ダイヤ改正のことである。それまでは機関車牽引の客車列車、電車列車、ディーゼル列車に4桁の列車番号が付けられ、電車列車の末尾にはTが付けられていたが、同一線区で列車番号が（たとえば101Tと101Tのように）重複することはなかった。36年10月ダイヤ改正の大増発で電車・ディーゼル列車も増え、4桁の列車番号では足りなくなったので、列車番号の後にアルファベットを付けることになり、MとDが付けられることになった。電車もディーゼルも頭文字はDなので、電車列車はモーターのM、ディーゼル列車はD（客車列車は従来どおりアルファベットは付けない）と決まり、同一線区で1レ・1M・1Dが設定できるようになった。

民営化後はJR東海の一部ディーゼル列車にCが、JR九州の電車特急「ハウステンボス」にHが付けられるなどのバリエーションが発生し、現在にいたっている。なお新幹線の列車番号は東海道新幹線（山陽・九州新幹線）でAが用いられ、その後は開業順に東北新幹線にB、上越新幹線にCが用いられたが、平成9年に開業した北陸（長野）新幹線はDを飛ばしてEが付けられている。

第6章　列車の運転

●列車はバックすることができるのか──列車の運転速度と操縦位置

列車は線路状態・電車線路状態・車両の性能・列車防護方法等に応じ、安全な速度で運転しなければならないと省令で定められている。列車速度は線路条件等を勘案して列車を組成する車両の種類別に最高運転速度・制限速度が定められるが、最高運転速度は列車防護により停止できる距離の範囲を超えてはならないので、非常ブレーキ距離によって最高速度が制約されるなど運転の安全の仕組みとの関連が大きい。旧省令の鉄道運転規則では「列車のブレーキ距離は600m以下としなければならない」と世界で最も厳しいブレーキ距離が定められていた。この経緯は本章末の「岩沙克次氏に聞く──列車のブレーキ距離600mをめぐって」を参照いただくとして、昭和43年10月ダイヤ改正での電車特急の時速120km運転以降はブレーキ距離が立ちはだかるようになった。昭和50年代後半から600m以内で停止する技術開発が進められ、ブレーキ滑走時の再粘着制御などの技術が民営化後のJR各社で結実し、時速130km運転が実施されている。

高速・高密度運転を行なっている線区の列車防護は、迅速性を最優先に考える必要があることから、列車防護には防護無線が使用されるようになっている。このシステムでは防護無線を導入し、緊急停止信号が伝達できるので、北越急行ほくほく線や成田高速アクセス線では防護無線では迅速に緊急停止踏切

上野駅で折返し運転を行なう客車列車

の無い区間で非常ブレーキ距離600m以上の最高速度で運転されている。

列車の運転は、鉄道信号の確認など動力車を操縦する係員の目視による取扱いが的確になされることで円滑に成し遂げられる。そのためには列車の前方がよく見える位置に乗務する必要があることから、動力車を操縦する係員は最前部の車両の前頭において列車を操縦しなければならないと省令で定められている。ただし列車の安全な運転に支障を及ぼすおそれのない場合はこの限りでないと定められ、折返し式停車場で折返し運転する（機関車を先頭としないで推進運転する）ときに、動力車を操縦できる資格を有する係員が最前部の車両の前頭で汽笛吹鳴・貫通ブレーキ操作を行なう場合などがこれに該当する。なお蒸気機関車やセンターキャブ式機関車の運転台は前頭にはないが、運転

第6章 列車の運転

室で前方を確認して操縦する目的で設計製作されたものであるから、最前部の車両の前頭において操縦することに含まれる。

列車は当然ながら前進が基本で、本来の進行方向と反対方向に運転する退行運転は、退行する範囲内に後続列車を進入させないなど列車の安全な運転に支障を及ぼさない措置を講じた場合以外はしてはならないと定められている。前述の列車の前頭以外の場所で操縦する場合は時速25km以下（新幹線は時速45km以下）、炭水車付き蒸気機関車を逆向きで操縦する場合は時速45km以下、退行運転の場合は時速25kmと定められている。なお旅客列車が停止位置からずれて停止したときは、多くの場合停止位置修正の移動を行なうが、これは列車の入換えに相当するもので退行運転には該当せず、入換えに準じた取扱いにより安全を期している。

●定時運転を実現した先人たち――列車の運転時刻と列車ダイヤ

停車場における出発時刻・通過時刻・到着時刻など列車の運転時刻を設定することは、鉄道利用客や運転に関係する係員に列車の運転計画を周知するうえで欠かせないものであると同時に、列車相互の安全確保という観点からも大切な基本事項の一つである。省令では、列車の運転は停車場における出発時刻・通過時刻・到着時刻等を定めて行なわなければならないと定め、列車の

111

運行が乱れたときは所定の運行に復するように努めなければならないと定められている。運転時刻の採時方法は省令で定められていないが、一般に出発時刻は列車が進行を開始したとき、通過時刻は列車の前頭が駅長事務室の中央を通過したとき、到着時刻は列車が所定の位置に停車したときを採時している。

日本の鉄道は秒単位で運転され、運転時刻が正確なことで知られている。その歴史は明治5年の開業以来……といいたいところだが、明治期までは汽車は遅れるものというのが常識だった。列車の定時運転は最大のサービスであることから、明治末頃から国鉄部内で定時運転の運動がはじまったが、推進した立役者は「運転界の奇才」の異名をもち、後年に鉄道省本省運転課長などを歴任した結城弘毅だった。結城は時刻表どおりの運転を奨励するため、沿線に設定した目標との通過時分などを機関庫員と研究したほか、機関庫に大時計を設置するなどの取組みを重ね、秒単位の正確な定時運転が確立したといわれている。

結城弘毅

大正期には定時運転が全国に及び、

ところで定時運転の立役者は結城と同じ山陽鉄道出身で、後年に神戸鉄道局長などを歴任した石田太郎という説もある。石田は定時運転・石炭節約・事故絶滅を三大モットーとして明治末期から部内に呼

第6章　列車の運転

びかけ、機関車の保全や運転技能向上など定時運転の実現に取り組んだといわれている。いずれにせよ石田・結城だけでなく機関庫員をはじめとする運転業務に携わる関係者の地道な努力の積み重ねが、定時運転の礎を築いたことは間違いないといえよう。なお蛇足ながら日本の鉄道が24時間制を採用したのは意外と新しい昭和17年10月のことである。

列車番号や運転時刻といった列車の運行計画を一枚の図に表したものが列車ダイヤで、ダイヤというのはダイヤモンドではなくダイヤグラム（diagram：図表）のことである。列車ダイヤは一般に時刻を横軸、停車場名を縦軸にとり、縦軸の停車場間は列車ダイヤのスジを直線で表せるよう所要時間に比例して描かれている。列車ダイヤは列車の運行形態によって、同じパターンを一定周期で繰り返す規格ダイヤ、全列車が同一速度で運転する平行ダイヤなどさまざまなパターンがある。

ところで列車ダイヤを日本に持ち込んだのは、創業期に招聘されたイギリス人のページ技師である。当初は自室にこもって作成した列車ダイヤは秘密にして、でき上がった時刻表だけを日本人に渡していたという。これほど巧みな列車計画がどうやってできるのか長い間謎だったが、後に日本人技師がページ技師の自室で列車ダイヤを発見し、それ以後は日本人もダイヤを引けるようになったという創業期らしいエピソードが残された。

∥コラム⑩∥ 線路容量とは

線路容量とはその線区で1日に運転し得る最大列車本数をいい、停車場設備・列車速度差・閉そく方式などによって左右される。山手線などのような平行ダイヤは、速達性というサービス面では追越しダイヤに劣るが、線路容量は多くできるメリットがある。線路容量の限度は一般に、単線で1日あたり上下計80～90本、複線で240～270本といわれている。

岩沙克次氏に聞く
――列車のブレーキ距離600mをめぐって――

(聞き手：福原俊一)

岩沙克次氏　略歴

昭和14年生　昭和37年国鉄入社

日本貨物鉄道㈱取締役技術部長、

専務取締役・ロジスティクス総本部長などを歴任

旧運輸省令の「鉄道運転規則」では「列車のブレーキ距離は600m以下としなければならない」と定められ、現在も鉄道事業者はこれを基本に車両のブレーキ性能や信号保安設備などを構成している。このブレーキ距離は世界で最も厳しい規則であるが、この規則が制定された経緯について、国鉄時代に運転局保安課長などの保安畑を歴任された岩沙克次氏にお話をうかがった。

（1）ブレーキ距離600mのいきさつ

——先ずブレーキ距離600mの歴史からお聞かせいただけますか。

岩沙　戦前期まではブレーキ距離600mの定めはありませんでした。昭和22年に制定された省令「国有鉄道運転規程」で「列車の制動距離は600m以下としなければならない」と明示されたのですが、これは従来の規程で定められていた列車防護距離をもとに600mと定められたのです。列車防護の定義はご存じですか。

——「鉄道に関する技術上の基準を定める省令（平成13年12月）」の解釈基準によれば「列車の停止を必要とする障害が発生した場合、その発生箇所に向かって進行してくる列車を速やかに停止させるための一定の方法による措置」と記されています。

岩沙　実はブレーキ距離は列車防護の定めにルーツがあるのです。世界最初に創業したイギリスの鉄道は対向する列車同士の衝突を防ぐため多くが複線で建設され、時間間隔法で運転されました。列車が出発してから一定時間後に後続列車を発車させる方法ですが、これによる列車運転は、見通しの悪い曲線区間に列車が故障のために途中停止している場合、しかも霧が深いときには後部標識（尾灯）は役立たず、しばしば追突事故が発生しました。この対策として、1841年に

116

岩沙克次氏に聞く

―― 信号雷管がそれだけ長い歴史を持っていることは知りませんでした。

岩沙　日本では鉄道開業から1年後の明治6年に制定された「鉄道寮汽車運輸規定」は、後続の列車に危険を知らせる列車防護の方法として、信号雷管を支障箇所から1000ヤード（約910m）の位置に装着すると定められました。この規定はお雇外国人が本国（イギリス）の規定をもとに制定したものでしたが、明治33年に制定された「列車運転及信号取扱心得」の第86条で支障箇所から3/4マイル（約1200m）の距離に信号雷管を装着するように定められました。その後大正13年に制定された「運転取扱心得」第213条・214条で「停止した列車の後方200m以上の距離に停止手信号を現示し、かつ800m以上の距離に信号雷管を装置すること」と定められたのです。ただ残念ながら大正13年の「運転取扱心得」解説書には800mの根拠は記されていません。

―― 「列車運転及信号取扱心得」の第87条で「列車が場内信号機に接近して停止したときは、後方20チェーン（必要に応じ40チェーン）の距離に信号雷管を装置し、危害合図を現示すべし」と

特例的に定められました。40チェーンというのは約800mですが、これが「運転取扱心得」に継承されたのでしょうか。

岩沙　それも考えられますが、「運転取扱心得」解説書には「第214条による列車事故の場合の列車防護は、隣接線路を運転する列車は全く線路の支障を予期していないのであるから、平常通り相当の速度にて運転している故に……」と記されています。当時の旅客列車の最高運転速度は、貫通式の自動ブレーキ（制動軸数80％以上）使用のボギー客車で編成した列車が時速95km、貨物列車は65kmと定めており、これまでの信号雷管の装着距離3／4マイル（約1200m）は余裕が大きいものと考え、非常ブレーキ距離を600m前後と見込んで、これに余裕距離（機関士が信号雷管の爆音をきいてからブレーキ手配をとるまでの距離と過走余裕距離）の200mを加えて800mとしたのではないでしょうか。それともう一つ、防護係員の実務的な負担も考えて短くしたのではと想像しています。

──列車防護のために係員が1200mを全力疾走するのは、確かに体力的に厳しいと思います。

岩沙　昭和22年に運転局が定めた「運転取扱心得」で「列車防護の方法は、支障箇所の外方200m以上を隔てた地点に停止信号又は発焔信号による停止信号を現示して、さらにその外方600m以上を隔てた地点に信号雷管を装置する」とあり、信号雷管の装着位置が運輸省令の「国有

「鉄道運転規程」に定めた「列車の制動距離は600m以下……」と整合します。つまり列車の非常制動距離600m以下は列車防護の方法に由来するものなのです。

　　　鉄道寮汽車運輸規定（抜粋）

第百三十九則　平坦ノ線路ニ於テ若シ不慮ノ難事起ルトキハ、一千「ヤルド」ノ距離ニ反走シテ其相図ヲ為スヘシ。若シ坂道ニテ右ヤウノ事アルトキハ、一千「ヤルド」以上ノ距離ニ進ムヘシ

　　　列車運転及信号取扱心得（抜粋）

第八十六条　故障ノ為メ途中ニ列車ヲ停止シ若シクハ車輛ヲ留置スル場合、後部車掌ハ晴雨昼夜ヲ論セス適任者ヲシテ停車ノ位置ヨリ単線ニ於イテハ後方四分ノ三哩以上（該箇所ガ隧道・踏切若シクハ橋梁ニ該当スルトキハ其ノ以上相当ノ距離）ヲ隔テ発雷信号ヲ装置シ危害合図ヲ現示セシメ、尚ホ適任者アルトキハ同時ニ前後停車場ニ通報スヘシ

第八十七条　故障ノ為メ列車カ場内信号機ニ接近シテ停車シタルトキハ、前部車掌ハ停車場ニ其ノ事由ヲ通告シ、続行列車アル場合ニハ後部車掌ハ適任者ヲシテ後方二十鎖（必要ニ応ジ四十鎖）ノ距離ニ於イテ発雷信号ヲ装置シ危害合図ヲ現示セシムヘシ

運転取扱心得（抜粋）

第二百十三条　故障其ノ他ノ為途中ニ列車ヲ停止シ若シクハ車輛ヲ留置スル場合ニ於テハ後部車掌ハ適任者ヲシテ左ノ各号ニヨリ防護ノ手配ヲ為サシムヘシ

一　救援列車ヲ運転スル場合ハ停止シタル列車又ハ留置車輛ノ前後両方面二百米以上ノ距離ニ於テ停止手信号ヲ現示スルコト

二　自動閉そく式施行区間ニ於テ停止シタル列車又ハ留置車輛ノ後方二百米以上ノ距離ニ於テ停止手信号ヲ現示スルコト

三　複線ニ於イテ隔時法ニ依リ運転スル場合竝単線ニ於イテ隔時法ニ依リ停止シタ（中略）場合ハ、停止シタル列車又ハ留置車輛ヨリ後方二百米以上ノ距離ニ於テ停止手信号ヲ現示シ且八百米以上ノ距離ニ信号用雷管ヲ装置スルコト

第二百十四条　脱線、転覆等ノ為隣接線路ヲ支障シタル場合ハ、該線路ヲ運転スル列車ニ対シ支障箇所ヨリ（複線ニ在リテハ列車ノ進行シ来ル方面、単線ニ在リテハ前後両方面）二百米以上ノ距離ニ於テ停止手信号ヲ現示シ且八百米以上ノ距離ニ信号用雷管ヲ装置シ防護ヲ為スヘシ

注：「鉄道寮汽車運輸規定（抜粋）」「列車運転及信号取扱心得（抜粋）」「運転取扱心得（抜粋）」は、読みやすくするため句読点を追加したほか、一部の旧字体を新字体で表しています。

(2) ブレーキ距離と信号機の見通し距離

――ブレーキ距離は信号機の見通し距離とも関係すると思いますが。

岩沙 3位式信号機の場合、注意現示は、基本的に次の信号が停止現示であることを予告するもので、軌道短絡のような場合を除いて突然停止現示することはありません。踏切支障装置などの特殊信号機は、突然停止現示するので見通し距離を600m確保する必要がありますが、常用ブレーキの使用を前提とする一般の信号機は見通しの悪い箇所には中継信号機を設ければカバーできるので、600mとは直接関係ありません。むしろ常用ブレーキによるブレーキ距離の確保が厳しいのです。注意表示の場合、電車列車は最高運転速度から時速55kmまで減速しなければなりませんので。

――信号機建植位置は600mを基準にしているようですが。

岩沙 信号機の建植位置は、列車の運転時隔や信号現示数によって決められます。したがって列車本数の多い通勤列車区間では600mより短い閉そく区間が沢山ありますが、スピードシグナル化して多現示にして安全を確保しています。一部に非常ブレーキ距離600mは「信号保安設備の設置や信号の見通し距離の根拠のためにある」との説がありますが、信号保安設備の設置基

準を作成する際に600mを準用しているということです。

――信号では進路を指示するルートシグナルと速度を指示するスピードシグナルがありますが。

岩沙　日本の鉄道はイギリス流のルートシグナルでスタートしましたが、太平洋戦争の頃から信号冒進が続発するようになりました。経験不足の若年乗務員の増加による要因もあったのですが、この対策として昭和18年に注意信号を時速45kmとスピードシグナル化し、警戒信号は時速25kmに定められたのです。

――昭和16年9月に発生した山陽本線網干駅（あぼし）での列車追突事故を契機に、注意信号を時速45kmに定めたと聞いています。

岩沙　現在ではJRの電車列車の場合、注意現示の信号機を時速55km以下で通過するように定められています。このため運転士は事前に必要なブレーキ手配をとる必要があり、信号機のかなり手前（約600m）で信号を確認する仕組みとしています。欧米先進国の鉄道でも注意信号の手前の信号機で一定の速度を定めていますが、4位式信号機など多現示式にすることで注意現示の手前の信号機で、予告現示をするようにしていますから、その信号現示を確認してブレーキ手配をすればよいのです。また列車密度の高い区間や高速運転区間では、安全確保のため速度制限を特別の信号で現示しているようです。ドイツ国鉄ではSバーン（大都市部の電車区間）を除く路線で、独

122

自の信号システムを導入しています。機関車に添乗したことがありますが、機関士は主信号機の直前で信号確認をしていました。これは基本的に閉そく区間の距離が長いこと、信号システムが主信号機と遠方信号機の組み合わせにして、必ず遠方信号機で主信号機の現示の予告があることから、主信号機の直前で確認する仕組みとしているのです。この場合、遠方信号機を見過ごすことのないように、遠方信号機の約200m手前から接近警標が約70mごとに3本建てられています。信号確認の仕方も信号システムと運転取扱いの仕組みによって違ってきます。

——**日本の運転取扱方のきめ細かさは、諸外国と比べて列車密度が高いなど運転環境の違いでしょうか。**

岩沙　確かに列車本数が多く線路容量に余裕のないわが国では、運転士の注意力とATSなどの保安装置でバックアップしてきました。欧米の鉄道では一般的に線路容量が大きく、閉そく区間も長いことから運転士の負担が少なく、さらに戦前からATSなどを整備して安全を担保しています。国によって安全対策の思想は異なりますが、資金が少ない日本はインフラ整備が十分でないところからスタートし、輸送力増強は線路増設などに加えてダイヤ構成や信号の多現示化などソフト面の知恵と工夫で対処してきたのです。

——**安全対策の思想は、先人の方々の知恵と工夫の集積で成り立っていると理解しています。**

岩沙　そうですね。工夫は信号機での列車停止位置にも表れています。太平洋戦争の只中の昭和18年には列車衝突が多発したため、信号速度のほか停止信号の50m手前で停止するのを原則と定めて現在も準用しています。これは停止信号の冒進を考慮して定めたのです。外国では信号機の直前で停止していますが、なぜかというと長大列車が多く、続行の列車の支障を避けるためにできるだけ詰めているのです。日本は能率が少々悪くなりますが、安全優先の考えからこのようにしているのです。

——ところで進行現示には緑色が用いられていますが。

岩沙　進行現示はイギリス流で元々は白だったのですが、沿線の家に電灯が使われるようになって、その明かりと間違いやすくなったため緑色に変えた経緯があります。白旗は今でも進行ですね。それと腕木信号機（２位式）の腕木の停止現示は水平位置、進行現示は下位置ですが、フェールセーフの考え方に立てば進行現示は上位置が望ましいと思います。万一、ワイヤーが緩んだり切れたりしたときには水平（停止現示）になりますから。ドイツで今でも使用している腕木信号機の進行現示は上位置です。

岩沙克次氏に聞く

（3）現在の省令が定めるブレーキ距離

——現在の「鉄道に関する技術上の基準を定める省令」では第106条に「列車の停止を必要とする障害が発生した場合は、列車の非常制動距離を考慮し、停止信号の現示その他の進行してくる列車を速やかに停止させるための措置を講じなければならない」と列車防護が定められていますが、ブレーキ距離600ｍの記述は廃止されています。

岩沙　新しい規則体系では、省令の具体的な数値や取扱いは解釈基準で示されるようになりました。第103条の解釈基準では「新幹線以外の鉄道における非常制動による列車の制動距離は、600ｍ以下を標準とすること。ただし、防護無線等迅速な列車防護の方法による場合は、その方法に応じた非常制動距離とすることができる」と「ブレーキ距離600ｍ以下」の原則が明示されていますし、後段の文言では線路外からの支障がない高架区間や長大トンネル区間及び踏切の無い区間ではブレーキ距離を延ばせるようにしています。よく「600ｍ問題」が列車のスピードアップを阻む制約といわれますが、北越急行ほくほく線や成田高速アクセス線は、防護無線を導入し、踏切の無い区間でブレーキ距離を1100ｍに延伸し、時速160km運転の届出・認可をとっています。

――信号雷管を使っていた列車防護も現在では防護無線が主流になっていますね。

岩沙　信号雷管は爆薬扱いのため廃棄処理に手間がかかるので、国鉄改革期の昭和62年3月末に運転取扱基準規程が廃止になり「雷管は使わない」ことになったのです。それ以前から信号炎管と軌道短絡器による列車防護が定着していましたので問題はありませんでした。昭和61年11月に列車無線と同時に防護無線を導入し、現在は防護無線による列車防護が主役です。要するに列車の非常ブレーキ距離は、列車防護の方法によって定められているもので、はじめに非常ブレーキ距離ありきということではないということを理解いただければと思います。

――本日は貴重なお話を有難うございました。

第7章 車両一般

●人や馬が引いても鉄道車両か──車両の定義と種類

　車両は鉄道事業のサービスを提供する商売道具に位置付けられる。車両とは機関車・旅客車・貨物車・特殊車で、鉄道事業の用に供するものと省令で定められ、JIS規格ではレールまたはこれに準じるものに車輪などを用いて荷重を負担させ、人力または畜力以外の動力を用いて運転する車両で、機関車・旅客車・貨物車・特殊車の総称と定義されている。人力または畜力を動力とする人車鉄道（軌道）と馬車鉄道は、現在の京成金町線の前身である帝釈人車鉄道、後の東京市電の前身である東京馬車鉄道などが代表例として知られるが、現在では車両の動力として認められていない。なお一部の施設で運行されている観光用の馬車鉄道は、鉄道事業法・軌道法の適

用されない遊戯施設なのである。

車両の種類と車種別の種類は表15・16のとおりで、表中の動力車とは動力発生装置（原動機）を有する車両と省令で定められ、電動車・内燃動車・蒸気機関車等を指している。なお旧省令「新幹線鉄道構造規則」では準車両（モーターカー、マルティプル・タイタンパーなど）が定義されていたが、現行の省令では保守用機械に類し鉄道事業用に供しないことから、現行の省令では廃止されている。

明治5年の鉄道創業期は蒸気機関車10両、客車58両、貨車75両の陣容だったと『日本鉄道史』に記されているように、車両の動力発生装置は蒸気機関からスタートしたが、現行の省令で車両の動力発生装置は電動機・内燃機関・蒸気機関と定められ、動力発生装置等は施設に適合し、かつ運転条件を満足する十分な動力を発生し、伝達できる構造にすることと定められている。ここで車両の動力発生装置等とは、

・走行するための動力（電気ブレーキを含む）を発生させる装置
・発生した動力を伝達する装置

特殊車（スヤ34高速軌道試験車）

128

第7章 車両一般

表15 車両の種類(その1)

用語	定義	慣用語
機関車	原動機及び運転装置をもち、輸送設備を備えないで、その他の車両を牽引して運転する車両	
旅客車	旅客を輸送するために用いる車両	
貨物車	貨物を輸送するために用いる車両	
特殊車	試験・検査・機材の運搬などに用いる車両で、特殊な構造・設備を持つもの	
蒸気機関車	原動機に蒸気機関を用いる機関車	
電気機関車	原動機に電動機を用いる機関車	
内燃機関車	原動機に内燃機関を用いる機関車	
電車	原動機に電動機を用いる旅客車・貨物車並びにこれに連結する制御車(*)・付随車(*)の総称	
内燃動車	原動機に内燃機関を用いる旅客車・貨物車並びにこれに連結する制御車・付随車の総称	気動車
客車	原動機及び総括制御装置を用いないで、機関車に牽引される旅客車	
貨車	原動機及び総括制御装置を用いないで、機関車に牽引される貨物車	
荷物車	荷物を輸送する設備を持つ貨物車	
旅客電車	旅客を輸送する電車	電車
貨物電車	貨物を輸送する電車	
路面電車	道路上に敷設されたレール上を運転する電車	
電気車	原動機に電動機を用いる動力車(電気機関車・電動車など)並びにこれに連結して運転する制御車・付随車	
内燃車	原動機に内燃機関を用いる動力車(内燃機関車・内燃動車など)並びにこれに連結して運転する制御車・付随車	
ディーゼル車	原動機にディーゼル機関を用いる内燃車	

「北海道開拓の村」で運行されている馬車鉄道

	慣用語
を連結しない蒸気機関車	
機関車（一般に炭水車を含めていう）	
するための燃料及び水を積載する車両	
運転できる電気機関車	
転する電気機関車	
から電力の供給を受け、電動機によって駆動するディーゼル機関車	ディーゼル電気機関車
機関車	液圧式ディーゼル機関車
運転できる電車	
	ディーゼルカー
関で駆動する発電機から電力の供給を受け、電動機によって駆動	
	液圧式ディーゼル動車
	歯車式ディーゼル動車
た無がい車	
側下開きの構造のホッパをもつ貨車	
のホッパをもつ無がい車	
妻構・側構がなく、着脱または転倒容易な柱を備えている無がい車	
い車	
	車運車
貨車	
もつ試験車	
に測定する装置をもつ試験車	
る装置をもつ試験車	
する装置をもつ試験車	限界測定車
した車両	
する車両	
車両	訓練車
装置を設けた車両	

130

第 7 章　車両一般

表16　車両の種類（その2）

分類	用語	定義
蒸気機関車	タンク機関車	それ自体に水タンク及び燃料庫を備え、別に炭水車
	テンダ機関車	連結する炭水車から燃料及び水の補給を受ける蒸気
	炭水車	テンダ機関車の後部に付属連結され、機関車に補給
電気機関車	直流電気機関車	車外から直流電力の供給を受けて運転する電気機関車
	交流電気機関車	車外から交流電力の供給を受けて運転する電気機関車
	交直流電気機関車	交流給電区間・直流給電区間の相互にまたがり直通
	蓄電池機関車	それ自体に積んだ蓄電池から電力の供給を受けて運
内燃機関車	ディーゼル機関車	原動機にディーゼル機関を用いる内燃機関車
	電気式ディーゼル機関車	それ自体に積んだディーゼル機関で駆動する発電機
	液体式ディーゼル機関車	動力伝達装置に液体変速機（*）を用いるディーゼル
電車	直流電車	車外から直流電力の供給を受けて運転する電車
	交流電車	車外から交流電力の供給を受けて運転する電車
	交直流電車	交流給電区間・直流給電区間の相互にまたがり直通
内燃動車	ディーゼル動車	原動機にディーゼル機関を用いる内燃動車
	電気式ディーゼル動車	それ自体またはその他の車両に積んだディーゼル機関するディーゼル動車
	液体式ディーゼル動車	動力伝達装置に液体変速機を用いるディーゼル動車
	機械式ディーゼル動車	動力伝達装置に歯車変速機を用いるディーゼル動車
貨車	有がい車	屋根がある貨車
	無がい車	屋根がない貨車
	低床貨車	床面を特に低くした無がい車
	コンテナ車	コンテナを輸送するためのコンテナ固定装置を備え
	タンク車	液体・粉体などを輸送するためのタンクをもつ貨車
	ホッパ車	液体・粉体をばら積み輸送するため、底開きまたは
	石炭車	石炭を輸送するため、底開きまたは側下開きの構造
	鉱石車	鉱石輸送専用の貨車
	長物車（ながものしゃ）	木材・レール・鋼材など長い貨物を輸送するために
	大物車（おおものしゃ）	質量および体積が著しく大きい貨物を輸送する無が
	自動車運送車	自動車を輸送するための特殊な構造をもつ貨車
	車掌車	車掌が業務を行い、ブレーキ操作を行う設備をもつ
特殊車	試験車	車両・軌道・架線などの試験に用いる設備をもつ車両
	架線試験車	架線及び集電装置の状態を走行中に測定する装置を
	電気試験車	架線・変電・信号及び通信関係諸設備の状態を走行中
	車両性能試験車	車両性能を走行中に測定する装置をもつ試験車
	軌道試験車	軌道の敷設状況及びその関連事項を走行中に測定す
	建築限界測定車	建造物が建築限界内に納まっているかどうかを測定
	操重車	つり上げ用または橋けた架設用大形クレーンを設備
	除雪車	線路上の積雪を排除する装置をもつ車両
	事故救援車	事故などの場合、復旧機材及び作業員を現地へ輸送
	教習車	車両の運転・保安などについて職員の教習に用いる
	配給車	車両部品などを配給するための車両
	電源車	列車の他の車両にサービス電源を供給する集中電源

131

・発生する動力の大きさを直接制御する装置
・集電装置
・補助電源装置及び補助回転機など動力の発生に必要な補助機器類
・上記の装置を電気的または機械的に接続する装置

の総称で、電気回路の電気設備は絶縁破壊・混触による感電及び火災のおそれがないこと、内燃機関・蒸気機関を有する車両の機関は異常な過熱が発生することがないよう適切な保護措置が講じられること、蒸気機関は機関から排出される火粉・燃えがらによる火災の発生を防止できること、圧縮天然ガスを燃料とする燃料装置はガス容器が車室と機密な隔壁で仕切られることなど、詳細な項目が解釈基準に記されている。

保守用機械として車両には含まれない投排雪保守車

単語エクスプローラー
・電動車：主電動機をもつ電車。
・制御車：運転室を備え運転制御ができ、原動機をもたない車両。
・付随車：原動機及び運転室をもたないで、電動車または内燃動車に牽引される車両。
・主電動機：動軸を駆動して車両を走行させる電動機。
・制御電動車：主電動機をもち、かつ運転室を備えて列車の運行制御を行なうことができる電車。
・制御内燃動車：原動機に内燃機関を用い、かつ運転室を備えて列車の運行制御を行なうことができる内燃動車。
・液体変速機：トルクコンバーター・液体継手・クラッチ・歯車などで構成し、トルクを変換する機械。

≡ コラム⑪ ≡ 内燃機関と外燃機関

熱機関には外燃機関と内燃機関がある。蒸気機関車は石炭を燃やしボイラーで水を沸騰させて高温・高圧の蒸気を発生させ、この蒸気をシリンダに導いてピストンを前後に動かし、主連棒を介して動輪を回転させる。つまり燃焼生成物(石炭の燃焼ガス)は直接シリンダ内のピストンを動かしているのではなく、作動流体(蒸気)が間接的にピストンを動かしているが、このように燃焼生成物が間接的に仕事をする熱機関を外燃機関という。

一方、ディーゼル機関車はシリンダ内で燃料を燃焼(爆発)させ、その圧力でピストンを押し下げて連接棒を介してクランク軸を回転させ、さらに変速機を経て車輪を回転させる。このように燃焼生成物(燃焼ガス)が直接ピストンに作用して仕事をする熱機関を内燃機関という。

表17は熱機関を機構別に分類したもので、ガスタービンは軽油や天然ガスを燃焼させ高温ガス噴流を高速度で羽根車(タービン翼)に噴射して出力軸に回転運動を与える方式である。ディーゼル機関と蒸気機関を使用した車両は日本の鉄道車両の主役として一時代を築いたが、ガスタービンは国鉄キハ391系で試作されたものの実用化にいたらず、蒸気タービンは実用化にいたらずに終わっている。

表17 熱機関の分類

内燃機関	往復動(容積型)	ディーゼル機関 など
	回転運動(速度型)	ガスタービン機関
外燃機関	往復動(容積型)	蒸気機関
	回転運動(速度型)	蒸気タービン

キハ391系ガスタービン車

●日本初の鉄道は長崎だった──電気車両と内燃車両の歴史

日本の鉄道では原動機に電動機を用いる電気車が主力になっているが、その歴史は明治28年に開業した京都電気鉄道(後の京都市電)の電車運行が最初である。明治19年に日本最初の電力会社である東京電灯の技師長に就任した藤岡市助は「日本のエジソン」といわれ、電気事業黎明期の発展に尽力したことで知られている。藤岡は電気鉄道の利便性を実例として示すことによって世間の理解を得ようと試み、アメリカへの外遊で視察したリッチモンドの路面電車を日本に輸入して走らせることにした。明治23年に東京・上野公園で開催された第3回内国勧業博覧会に購入したスプレーグ式電車2両を出品し、会場内の約240間(=4町、約440m。170間、約300mという説もある)を運転した。このときの宣伝ポスターには「電車鉄道」と書かれているが、藤岡は当時の講演で「電車」と表現しており、名付け親といって差し支えないだろう。ちなみに日本で最初に鉄道車両が運転されたのは、幕末の慶応元(1865)年、当時の外国人居留地だった長崎・大浦海岸で走った蒸気機関車が最初といわれている。同地には「我が国鉄道発祥の地」の記念碑が建立されているが、上野公

藤岡市助

第7章 車両一般

園の電車とともに乗客を乗せて走ったという意味において前史を飾った存在である。

一方の電気機関車は、足尾銅山用のマインロコが最初といわれているが、正確な運転開始時期は分かっていない（京都電気鉄道よりも遅いとする説が有力なようであるが……）。国鉄では中央線笹子トンネル工事用としてマインロコが明治32年に輸入されたのが最初で、営業運転用の電気機関車は明治45年の信越本線横川〜軽井沢間のアプト区間が最初である。

内燃機関はディーゼル機関が現在では一般に使用されるが、その歴史は外燃機関の蒸気動車にさかのぼる。明治38年に開業した瀬戸自動鉄道（現在の名鉄瀬戸線）でコークスを燃料とする4輪蒸気動車が運転を開始したが、運転取扱いや保守面などの理由から短命に終わった。蒸気動車に代わって、自動車と同じ内燃機関を用いたガソリン動車が大正9年に福島県の好間軌道で、ディーゼル動車が昭和3年に長岡鉄道（後の越後交通）で運転を開始したが、戦中の燃料統制などいばらの道が続いた。戦後の昭和20年代に液体式ディー

長崎市にある「我が国鉄道発祥の地」の記念碑

- マインロコ：鉱山現場または地下作業場で使用する機関車。

ゼル動車が実用化され、現在にいたっている。国鉄の蒸気動車は明治40年に就役したが、車種の分類として明治44年の「車両称号規程」で汽動車と命名され、昭和4年の「車両称号規程」で「蒸気動車・内燃動車ノ如キ動力車ヲ総称シテ汽動車トイヒ、内燃ハサラニ動力別名称ヲ冠シ、ディーゼル動車・内燃動車・ガソリン動車ト称ス」と定められた。

●車両のサイズは厳格に決められている——車両限界

車両限界[*]は、車両が直線または曲線軌道上に停止しているとき、車両のどの部分も超えてはならない上下左右の限界で、車両は車両限界を超えてはならないと省令で定められている（図29・30参照）。車両限界は線区の状態に応じて鉄道事業者が定めることとされているが、解釈基準では標準の車両限界が示されている。車両は下記の状態で車両限界を超えてはならないと解釈基準に記されている。

・平坦な直線軌道上で車両（車輪等が摩耗した場合も含む）が停止した状態
・積載状態は空車から最大限の荷重を積載した状態[*]
・乗客または積載物の偏りにより車体・台車が傾いていない状態

また車輪や使用状態の除雪装置、扉が開いた状態などは、車両限界を超えてもよいが、プラグ

第 7 章　車両一般

図29　普通鉄道の車両限界

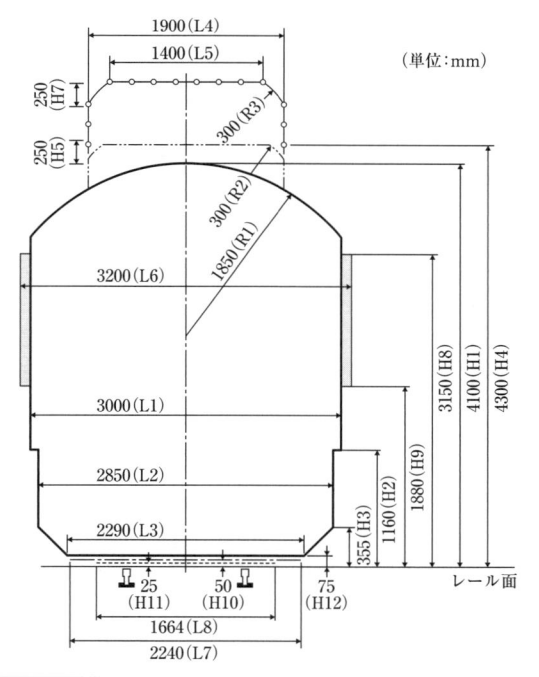

	限界項目	
![実線]	基礎限界	H1 H2 H3 H12 L1 L2 L3 R1
![破線]	折畳んだ場合の集電装置に対する限界	H4 H5 L4 L5 R2
![鎖線]	集電装置が作用した場合の屋根上装置に対する限界	H7 L4 L5 R3
![網掛]	標識、表示灯、車側灯に対する限界	H8 H9 L6
![点線]	ばねの作用により上下動しない部分に対する限界	H10 L7
![細破線]	砂まき管、排障器、ブレーキシューその他のものであってリムの幅を超えない部分に対する限界	H11 L8

137

図30 新幹線鉄道の車両限界

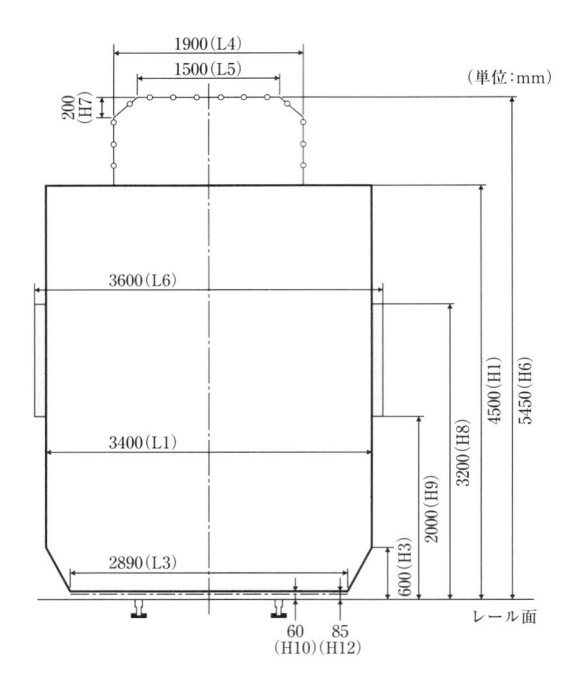

（単位：mm）

	限界項目	
———	基礎限界	H1 H3 H12 L1 L3
—o—o—	集電装置が作用した場合の屋根上装置に対する限界	H6 H7 L4 L5
▨▨▨	標識、表示灯、車側灯に対する限界	H8 H9 L6
— — —	ばねの作用により上下動しない部分に対する限界	H10 L3
砂まき管については、車輪のリム（タイヤのある車輪にあっては、タイヤ）の幅以内のものが車両の特性に応じてレール面上の40mmまでにある場合は車両限界を超えることができる			

138

第7章　車両一般

図31　国鉄の第1縮小限界／第2縮小限界

第1縮小車両限界

電車運転をしない区間に運用する車両に対する縮小車両限界

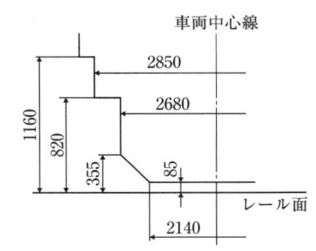

（図：車両中心線、2850、2680、1160、820、355、85、2140、レール面）

第2縮小車両限界

電車及び電車運転をなす区間のみに限って運用する車両に対する縮小車両限界

（図：車両中心線、2850、1160、355、85、2310、レール面）

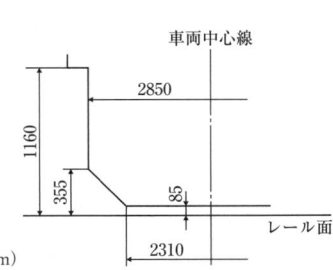

（単位：mm）

ドアなど車両限界を超えて開く構造のものは走行中に開放を防止する装置が必要と記されている。

国鉄在来線の車両限界は創業期から逐次大形化してきた歴史があり、旧車両限界の車両がホーム縁端との隙間が大きくならないよう、ホームに対する建築限界が定められていた。このため車両限界下部に縮小[*]車両限界が設けられ、民営化後のJR各社の車両にも適用されている（図31参照）。また戦前期に電化された中央東線・浅川（現在の高尾）～甲府間のトンネルは旧建設規程によって掘られたため狭隘で、道床を掘り下げて電車線高さ4200mmで施設された歴史があるため、架空電車線高さの低い

139

図32 車両限界(中央・篠ノ井線／飯田・身延線)

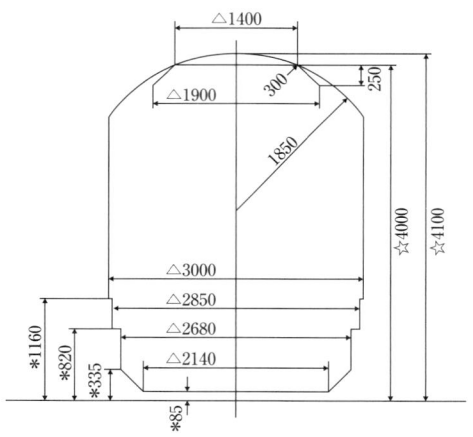

中央・篠ノ井線用電車車両限界

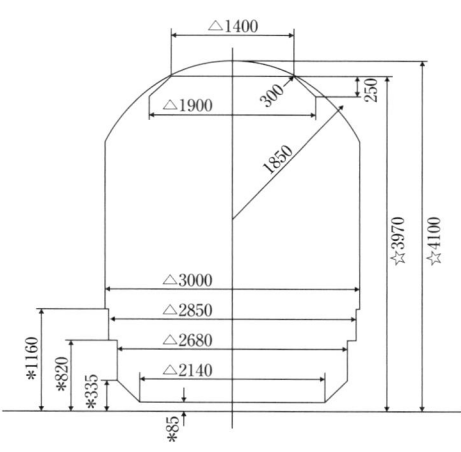

身延・飯田線用電車車両限界

(単位:mm)

第7章　車両一般

トンネルなどが介在する中央・篠ノ井・身延（みのぶ）・飯田線などでは図32の車両限界が適用され、パンタグラフ折り畳み高さや屋根高さを低くするなどの方法がとられている。

車両が曲線区間を通過するとき車両中央部は内側に、両端は外側に偏倚するので、前述のように曲線区間の建築限界を拡大しているが、車両限界も相当の数値が加えられ、国鉄では、

在来線：W（車両限界の拡大寸法…mm）＝22500／R（曲線半径…m）

新幹線：W（車両限界の拡大寸法…mm）＝50000／R（曲線半径…m）

の式が用いられていた。車体長や台車中心間距離が長いと偏倚は大きくなるため、一般車両よりも車体長の長い381系電車や24系客車などは端部をそいだ形状としている。決してデザインがよいからという理由ではないことはもちろんである。

単語エクスプローラ
- 車両限界：慣用的に車両定規ともいう。
- 最大限の荷重
    貨物車：最大積載量による荷重。
    旅客車：乗車できる最大の人員（乗務員数＋座席定員＋最大立席乗車人員）×一人当たりの質量55kg（鋼索鉄道は60kg）。
最大立席乗車人員：座席前縁から100mmの床面を除いた客室床面（有効幅300mm以上有効高さ1800mm以上）を0.1m²で割った値。
- 第1縮小車両限界：電車運転をしない区間に適用する車両に対する縮小限界。
- 第2縮小車両限界：電車及び電車運転をなす区間のみに限って運用する車両に対する縮小限界。

体重オーバーだった!? 415系電車──車両の重量と走行装置

橋りょう等の構造物は列車荷重や運転速度などを考慮して設計されているため、車両は軌道・構造物の負担力より大きい影響を与えないことと省令で定められている。重量に満車時の積載量を加えた満車重量を上限18tと定められているが、JR各社の在来線では機関車を考慮したK荷重、旅客電車を主体としたM荷重などの活荷重が部内規定として、民鉄では各社の事情に応じた軌道負担力がそれぞれ定められている。車両の重量を表す用語には、

・輪重：軌道に及ぼす各車輪の垂直方向の分担荷重
・軸重：1軸の左右輪重の和
・空車質量（自重）：車両が空車状態のときの質量
・積車質量：積車状態のときの車両の質量

などがある。新幹線鉄道は旧省令で旅客電車のP荷重（軸重16t）が定められていたが、現行省令の規定から廃止されている。

車両は、軌道の保全状況その他想定される運転条件において安全な走行及び安定した走行を確保することと省令で定められ、旅客等の荷重条件・速度等の走行条件・車輪の摩耗や風雨などの

142

第 7 章　車両一般

表18　固定軸距と車輪直径　　　　　　　　　　　　　　　　単位：mm

軌間	普通鉄道				新幹線鉄道
	762	1067	1372	1435	1435
固定軸距	3050以下	4570以下			3500以下
車輪直径	400以上	680以上			730以上
車輪中心線から踏面までの距離（車輪直径測定位置）	400	560	714	743	745

気象条件でも安定した走行を確保できることと解釈基準に記されている。強風時の運転規制として定められている最大瞬間風速（一般的には秒速30ｍ）を受けても転覆しないよう考慮されているほか、平成12年3月に発生した営団地下鉄日比谷線中目黒駅構内での脱線事故を教訓に、車両の静止輪重比を管理することとされている。また車両は曲線軌道上で停止した場合でも転覆しない構造のものでなければならないことと省令で定められ、トロリバスは左右両側に35°まで傾けても転覆しないことと解釈基準に記されている。

車両の走行装置は、走行線区の最小曲線半径曲線を支障なく通過できること、列車の最前部となる車両はレール上の障害物を排除できること、車両の安全な走行及び安定した走行を確保できることなどが省令で定められ、負荷荷重・振動に対し十分な強度・剛性をもち、脱線などに対する安全性や蛇行動などに対する安全性を確保できることと解釈基準に記されている。車軸の配置は走行線区の最小曲線を支障なく通過できることとされ、車両の固定軸距・車輪直径は表18のとおりで、車輪が摩耗した場合もこれを満たさなければならない。

143

「日本国有鉄道建設規程」では、固定軸距は4600mm以内と定められていたが、これは旧建設規程の15呎(フィート)を換算したもので、一方の車輪直径は小さすぎると分岐器通過の際にレールの隙間に落ち込むなど運転上危険なことから730mm以上と定められていた。蛇足ながら旧省令では普通鉄道では半径100m、新幹線鉄道では半径200mの曲線を通過できるよう規定されていたが、使用線区の最小曲線半径を通過できればよく、各鉄道事業者の線区や設備条件を考慮して検討すればよいことから、現行の省令では廃止されている。

‖ コラム⑫ ‖ **国鉄時代の重量制限**

国鉄時代の在来線旅客車・貨物車は軸重13tを設計目標とし、14tを限度とすると定められていた。象徴的な例が415系交直流電車で、従来のセミクロスシートからロングシートに設計変更した500番台が昭和56年度に製作されたが、交流機器を搭載した自重の大きいモハ414では定員乗車時の重量が52tを超えてしまうことから、蓄電池などをモハ415に移設して約1t軽量化し、自重44.5t+定員148×50kg＝51.9tに収めたのである。

単語エクスプローラ

・列車荷重：走行する列車が軌道や構造物に及ぼす荷重。
・新交通システムの重量：空車重量は11t程度を想定し、最大限の乗客110名×60kgの6.6tを加えて満車重量18tを上限と定められている。
・積車状態：空車に燃料・水などを搭載し、乗務員・定員の乗客などを積載した状態。
・静止輪重比：空車時の車両の輪重を平均輪重（軸重の2分の1）で割った値で、新造車両の静止輪重比は10％以内を標準とされている。
・蛇行動：輪軸の横運動及び車体のヨーイング（車両各部の重心を通る上下方向軸まわりの回転運動）の連成した正弦波振動。
・固定軸距：折れ曲がらない台枠・台車枠の最前位と最後位の車軸中心間水平距離。

第7章 車両一般

●何重にもなっている止めるための仕組み──車両のブレーキ装置

ブレーキ装置は車両を安全に減速・停止できることが求められる。省令では組成した車両に乗務員室からの操作に連動して作用すること、振動・衝撃などにより作用に支障を及ぼさないこと、列車分離したとき自動的に作用することなどが定められている。ブレーキ装置は下記の種類が解釈基準に記され、車両の種類に応じて表19のように設置することと解釈基準に記されている。

・常用ブレーキ装置：運転中の車両に常用し、すべての車両に設置するブレーキ装置に急速に停止できる非常ブレーキ機能が含まれる。

・留置ブレーキ装置：留置する車両の転動を防止するために使用するブレーキ装置で、組成した車両を留置するときの使用を想定しているため、運転室付車両と緩急車*に設置するブレーキ装置が義務付けられている。また貨車については1両単位で組み替えて組成することからすべての車両に設置が義務付けられている。

・保安ブレーキ装置：常用ブレーキ装置が故障したときに使用するブレーキ装置で、電車・内燃動車に設置が義務付けられている。

常用ブレーキは減速・停止のほか停止状態が維持できること、車両の全車輪に対してブレーキ

145

表19 車両に設けるブレーキ装置

			常用	留置	保安	備考
機関車			○	○		
旅客車	新幹線		○		(○)	注1
	電車	運転室付車両	○	○	○	注2
	内燃動車	上記以外	○			
	客車	緩急車	○	○		
		上記以外	○			
	荷物車	運転室付車両	○	○		
		上記以外	○			
	貨車		○	○		注3
	貨物電車	運転室付車両	○	○	○	注2
	貨物内燃動車	上記以外	○		○	
特殊車						

注1 新幹線は独立して作用する2系統以上のブレーキ指令系を有すること
注2 保安ブレーキで留置中の車両の転動を防止できる車両は、留置ブレーキを省略できる
注3 固定連結された他の貨車の留置ブレーキ装置で留置中の転動を防止できる貨車は、留置ブレーキを省略できる

力を作用させる機能をもつ(機関車の従輪など一部は除く)ことと解釈基準に記されている。また常用ブレーキをもつ車両を組成する場合、貫通ブレーキは運転台からの操作で全車両に連動して作用すること、列車分離の際に自動的にブレーキが作用することなどが解釈基準に記されている。

常用ブレーキはブレーキの強さとして積車ブレーキ率で表し、旅客車・貨物電車・内燃動車は100分の70以上、蒸気機関車は100分の50以上と記されている。これは最高時速95km程度から減速し、600m以内に停止できることが想定されたものである。新幹線鉄道はブレーキ率ではなく表20のように減速度が用いられている。またトロリバスでは常用ブレーキ装置として主ブレーキ・副ブレーキを設けるほか、鋼索鉄道では積車状態

146

第 7 章　車両一般

表20　新幹線鉄道のブレーキ減速度

速度（km/h）	減速度（km/h/s）
230を超える場合	1.5
160〜230の場合	1.9
110〜160の場合	2.5
70〜110の場合	3.1
70以下の場合	3.4

図33　空気ブレーキ　二重化のイメージ

【現　状】

```
┌──────────┐  ┌──────────┐
│保安ブレーキ│  │供給空気タンク│
│空気タンク等│  │            │
└─────┬────┘  └─────┬────┘
      │              │
    ┌─┴──────────────┘
    │逆止弁│
    └──┬──┘
       │
   ┌───┴────┐
   ▼        ▼
(前台車ブレーキシリンダー)　(後台車ブレーキシリンダー)
```

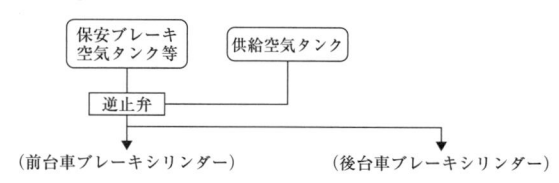

①対応のイメージ
【改良案例】

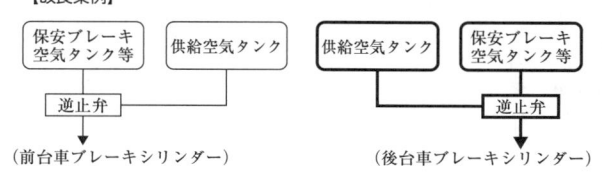

```
┌──────────┐  ┌──────────┐      ┌──────────┐  ┌──────────┐
│保安ブレーキ│  │供給空気タンク│      │供給空気タンク│  │保安ブレーキ│
│空気タンク等│  │            │      │            │  │空気タンク等│
└─────┬────┘  └─────┬────┘      └─────┬────┘  └─────┬────┘
   │逆止弁│                                     │逆止弁│
(前台車ブレーキシリンダー)　　　　　　　　　　(後台車ブレーキシリンダー)
```

②対応のイメージ
【改良案例】

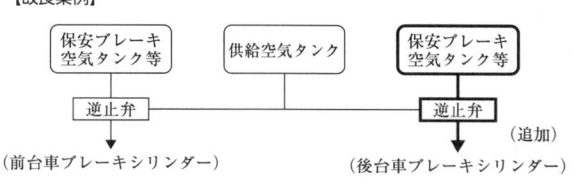

```
┌──────────┐  ┌──────────┐  ┌──────────┐
│保安ブレーキ│  │供給空気タンク│  │保安ブレーキ│
│空気タンク等│  │            │  │空気タンク等│
└─────┬────┘  └─────┬────┘  └─────┬────┘
   │逆止弁│──────────────────│逆止弁│
                                          （追加）
(前台車ブレーキシリンダー)　　　　　　(後台車ブレーキシリンダー)
```

の車両が最も急な勾配の線路で3・5m以内に停止できることなどが解釈基準に記されている。

留置ブレーキは留置車両の転動を防止するため手用ブレーキ装置・車側ブレーキ装置と同等以上の性能を持つことと定められている。最近の電車・内燃動車では保安ブレーキ（直通予備ブレーキ）を備えていることから留置ブレーキを省略するケースが多いが、車両基地に留置する時間は保安ブレーキで転動を防止できることと定められている。

そもそも保安ブレーキは、昭和46年3月に富士急行大月線で発生したトラックとの衝突事故でブレーキ配管が破損、ノンブレーキ状態となって逸走した脱線事故を教訓に設けられた経緯がある。その後、平成13年2月にJR西日本越美北線で発生した衝突事故により、ブレーキ配管が破損して逸走した事故を教訓に、単車での走行を行なう旅客電車・内燃動車の新造車両は、空気ブレーキの二重化が義務付けられている（図33参照）。また空気ブレーキの内圧容器と圧力

単語エクスプローラー

- **緩急車**：運転業務を行なう車掌室または区画した床面をもち、ブレーキ操作を行なう客車・貨車。
- **貫通ブレーキ装置**：連結された全車両に対して作動するブレーキ装置。
- **積車ブレーキ率**：ブレーキシューに作用する力の総和と積車質量の割合。
- **元空気タンク**：空気圧縮機に接続され、すべての機器の供給源となる空気タンク。
- **安全弁**：空気回路の圧力が所定の圧力を超えた場合に作動し、所定圧力に下がるまで圧縮空気を放出するバルブ。
- **ドレンコック**：凝結した水を排出するために用いるバルブ。
- **調圧器**：元空気タンクの圧力を一定範囲に保つため、空気圧縮機の送出し作用を制御する機器。

第7章　車両一般

供給源は圧力の異常上昇を防止できること、水分等による機能低下を防止できることと省令で定められ、元空気タンクまたはこれに接続する空気管に安全弁を設けること、元空気タンクにはドレンコックを設けること、空気圧縮機を設置した車両には調圧器を設けることと解釈基準に記されている。

●創成期から変わらない空気の力——車両のブレーキ装置の種類

前項ではブレーキ装置を作用の目的面から分類したが、ここでは機能・構造面から見てみよう。

主なブレーキ装置は表21のとおりで、ブレーキ方式には機械式ブレーキとダイナミックブレーキに大別され、粘着ブレーキは機械式ブレーキと非粘着ブレーキに大別される。機械式ブレーキのブレーキ力源は動力・人力・重力に大別され、動力ブレーキは現在では空気ブレーキが一般的で、人力は手用ブレーキ、重力は車側ブレーキが一般的である。一方、車両を駆動する動力装置を利用してブレーキ力を得るダイナミックブレーキは電気式ブレーキや液体式ブレーキが用いられ、電車では電気ブレーキと空気ブレーキを併用した電空併用ブレーキが一般に用いられている。

創成期から比較すると目覚ましい発展をとげている車両の要素技術のなかにあって、空気ブレ

定 義	慣用語
空気圧によって作動するブレーキ装置 ・真空ブレーキ装置：空気の負圧によって作動するブレーキ装置 ・直通空気ブレーキ装置：直通管によって、ブレーキをかける（緩める）ときには増圧（減圧）して指令を伝達する装置 ・自動空気ブレーキ装置：ブレーキ管によって、ブレーキをかける（緩める）ときには減圧（増圧）して指令を伝達する装置 ・電磁直通空気ブレーキ装置（電磁自動空気ブレーキ装置）：電磁弁を用いた直通空気ブレーキ装置（自動空気ブレーキ装置） ・電気指令式ブレーキ装置：ブレーキ指令を電気信号で伝えるブレーキ装置	
油圧によって作動するブレーキ装置	
手動でブレーキ力を生じさせるブレーキ装置	手ブレーキ装置
車両の片側または両側に取付け、人間の力によってブレーキ力を生じさせるブレーキ装置	側ブレーキ装置
ばね力によって作動するブレーキ装置	
車両の運動エネルギーを電気エネルギーに換えることによって、ブレーキ力を得るダイナミックブレーキ装置 ・発電ブレーキ装置：主電動機を発電機として用い、発生した電力を熱に換えて放散するブレーキ装置 ・回生ブレーキ装置：主電動機を発電機として用い、発生した電力を電車線に返すブレーキ装置	
・エンジンブレーキ：エンジンの回転力をブレーキ力として利用するブレーキ装置	
・コンバーターブレーキ：液体変速機のコンバーターの摩擦力をブレーキ力として利用するブレーキ装置	
渦電流を利用したブレーキ装置	ＥＣＢ装置
電磁作用によってブレーキ片をレールに吸着させてブレーキ力を得る装置	

ーキ装置は19世紀以来、圧縮空気が依然として重要な役割を果たしている。この空気圧とブレーキシリンダなどによる力を受けてブレーキ作用させる装置を基礎ブレーキ装置と称し、車輪踏面（レール上面に接する車輪の部分）に作用する踏面ブレーキとブレーキディスクに作用するディスクブレーキが用いられている。踏面やディスクに押し付ける部品を制輪子と称し、踏面やブレーキディスクに圧着する制輪子は鋳鉄制輪子が用いられていたが、近年では合成制輪

第7章 車両一般

表21 主なブレーキ装置の種類

粘着ブレーキ	機械式ブレーキ	空気ブレーキ装置
		油圧ブレーキ装置
		手用ブレーキ装置
		車側ブレーキ装置
		ばねブレーキ装置
	ダイナミックブレーキ	電気ブレーキ装置
		液体式ブレーキ装置
非粘着ブレーキ	—	渦電流ブレーキ装置
		電磁吸着ブレーキ装置

厳密にいうと車両を停止させる機構ではないが、これもブレーキ装置の範疇である。

前項で述べた常用ブレーキと保安ブレーキは、旧省令では動力式（空気ブレーキ）を用いると定められていたが、両者の目的は停止状態を維持することで空気ブレーキに限定する必要はないことから、現行の省令では廃止されている。また現行の省令で留置ブレーキは、手用ブレーキ装置・車側ブレーキ装置と同等以上の性能を有するものであることと定められている。

子が一般に用いられている。

このようにブレーキにはさまざまな種類があるが、ブレーキ装置（システム）と基礎ブレーキ装置に大別されることがお分かりいただけよう。なお氷雪が車輪・ディスクと制輪子の間に付着するのを防止するため、制輪子を軽く圧着させる装置を耐雪ブレーキ装置と称している。

== コラム⑬ == 粘着と滑走・空転

車両の力行またはブレーキ時に車輪とレール間に発生する摩擦のことを鉄道では特に粘着といい、踏面とレール上面間の転がり摩擦力を粘着力と称している。鉄道は他輸送機関と比べて粘着力が小さく、車両性能の向上は粘着への挑戦といっても過言ではなく、ある文献には「粘着 (adhesion) という鉄道独特の表現は挑戦を続けてきた技術者の気持ちが込められている」と記されている。

ブレーキ力が粘着力より大きい場合に生じる車輪とレール間の滑りを滑走（スキッド）と称するが、JR在来線電車特急ではブレーキ距離600mを確保するため、ブレーキ滑走時の再粘着制御などの技術を結実させて最高時速130km運転が実現した。また滑走に対して、加速時に引張力が粘着力より大きい場合に生じる車輪とレール間の滑りは空転（スリップ）と称している。

152

第8章 車体の構造と車両の装置

● 特急車と通勤車で異なる乗客の体重──車体構造と車体の強度

鉄道車両の車体は車両を構成する最も主要な部分で、一般建築構造物と異なり動揺や変動する荷重に耐えることが求められるほか、列車として使用する場合は前後の車両から引張や圧縮の荷重を受ける。このため車両の車体は堅ろうで十分な強度を有し、運転に耐えるものでなければならないと省令で定められている。車体は旅客・貨物を安全に輸送するため十分な強度が必要なことから、通常の営業運転で想定される車体への荷重に耐えられる十分な強度・剛性・耐久性を有することと解釈基準に記され、満車状態の旅客の荷重、走行時の振動、加速減速時の衝動を考慮することが求められている。列車同士の衝突、落石への衝突、踏切事故などで発

153

負荷基準	記　事
車両自重から台車重量・機器・内装品等の重量を引いたもの	
乗客重量　　通勤・近郊　55kg 　　　　　　　特急　　　　60kg 最大乗客重量　ロングシート　　　　　3倍定員 　　　　　　　セミクロス・クロス　2.5倍定員	
該当する機器・内装品の重量	MG（電動発電機）・クーラー等の重量物は集中荷重で計算
コイルばね台車　（慣性力を受ける部分の重量）×0.3 空気ばね台車　　（慣性力を受ける部分の重量）×0.1	
電車・気動車・密着連結器付客車　　　35 t（343kN） その他客車　　　　　　　　　　　　70 t（686kN） 新幹線　　　　　　　　　　　　　　50 t（490kN）	
電車・気動車・密着連結器付客車　　　50 t（490kN） その他客車　　　　　　　　　　　100 t（980kN） 新幹線　　　　　　　　　　　　　100 t（980kN）	
（車両自重＋乗客荷重）×0.3	連結器・緩衝器の疲労設計を考える場合

生する荷重にまで耐えることまで省令では求めていないが、踏切での衝突を考慮した設計条件などは各鉄道事業者で定めることが求められている。車体に要求される強度は、静的な荷重条件のほか動的な荷重条件を考慮することが必要とされる。荷重条件は使用線区の条件を考慮して各事業者で定めるとされているが、国鉄の荷重条件の考え方は表22のとおりである。特急車両と通勤車両の乗客重量が異なるのは、特急車両の乗客は手荷物が多いからで、恰幅のよい乗客が多いからという理由でないことは言うまでもない。

第8章　車体の構造と車両の装置

表22　荷重の種類と負荷基準

名　称		定　義
上下荷重	構体自重	車体構体の重量
	乗客荷重	乗客の重量
	機器・内装品荷重	機器・内装品の重量
	上下慣性力	走行中の振動によって生じる慣性力
前後荷重	車端前後力　引張	編成列車で車両に作用する引張力
	車端前後力　圧縮	編成列車で車両に作用する圧縮力
	衝撃荷重	車端衝撃による荷重

‖　コラム⑭　‖　車両連結部の外幌と騒音防止対策

移動制約者に配慮した公共的施設の整備は不可欠であり、移動制約者が利用しやすい鉄道とするため「移動円滑化のために必要な旅客施設及び車両の構造及び設備に関する基準」（以下、移動円滑化基準という）が制定され、鉄道事業者には他の公共施設と同等な配慮が義務付けられている。移動円滑化基準では、車両の連結部（常時連結している部分）にはプラットホーム上の転落を防止するための設備をすることと定められ、車両連結部には外幌を設けて旅客の転落を防止することが求められている。車両連結部の転落防止装置の歴史は古く、昭和2年に開業した東京地下鉄道（現在の東京メトロ）1000形にセイフティ・ゲートと称するパンタグラフ状の装置が設けられたのがはじまりで、その後平成3年に発生した車両連結部の転落事故を契機に外幌が設けられるようになった経緯がある。なお常時連結している部

先頭車同士の連結部に設けられた転落防止幌（JR西日本521系）

分は、いわゆる中間車のことで、分割併合のため先頭車同士を連結した連結部は除外しているが、可能な場合は設置することが望ましいとされている。

一方、新幹線車両は列車の走行に伴い発生する著しい騒音を軽減するための構造としなければならないと省令で定められている。特に新幹線鉄道は環境庁（当時）告示の基準値70デシベル（地域により75デシベル）以下と定められ、集電系の音対策としてパンタグラフの改良、空力音対策として車体の平滑化、構造物音対策として車両の軽量化など、騒音の防止に配慮した構造が求められている。

●運転できなくなっても列車は止まる――乗務員室の構造と設備

乗務員室は運転取扱いを行なう運転室・車掌室をいう。乗務員室は旅客により乗務員の操作が妨げられないもので、列車の運転に支障のないよう必要な出入口を設けなければならないと省令で定められている。客室との仕切は混雑時に旅客が乗務員室に立ち入って運転操作の妨げを防止するために、ワンマン運転時の運賃の授受などを考慮してパイプによる方式も可能とされている。乗務員が乗務しない編成中間の運転室は旅客が容易に触れられないよう扉などで仕切る構造とすることが解釈基準に記されている。また乗務員室には原則として乗務員用の乗降口を設けること、

第8章　車体の構造と車両の装置

乗務員室と客室との仕切を設けることと解釈基準に記され、客室との仕切開戸は非常時を考慮して乗務員室・客室両側に開くことと定められている。

乗務員室の窓は運転に必要な視野を有するものでなければならず、前面は小石や風圧から乗務員を保護できる十分な強度を有するものでなければならないと省令で定められ、降雨時にも視界を確保できるワイパー装置を設けること、運転速度の風圧に耐え、小石等の飛来物により損傷した場合でも容易に貫通されない合わせガラス等を使用することと解釈基準に記されている。

ちなみに合わせガラスは、昭和29年8月に丹那(たんな)トンネル内を走行中の80系湘南形電車運転士が対向列車から投げられたビンにより負傷した事故を教訓に使用されるようになった経緯がある。

乗務員室には力行制御・ブレーキ制御等運転に必要な設備を設けること、動力車を操縦する係員が運転操作不能となった場合に列車を自動的に停止できる装置を設けなければならないと省令で定められ、乗務員室には表23の設備を設けるほか、運転士異常時列車停止装置を設けること、ATS・ATC・ATO

乗務員用の乗降口は、乗務員が客室を経由して容易に乗降できる場合は省略できる
（JR四国キハ32海洋堂ホビートレイン）

157

を設けた区間を走行する車両は運転室に装置の作動状態の表示装置・操作装置を設け、開放スイッチはカバー等で覆うことなどが解釈基準に記されている。またトロリバスは運転室・車掌室は運転席・車掌席に読み替えるほか、運転室には舵取りハンドルを設けることと記されている。

運転士異常時列車停止装置は、乗務員が疾病等により運転操作を継続できなくなったとき、旅客の安全を確保するため自動的に停止させる装置で、デッドマン装置やEB装置[*]が該当し、運転室に2人以上の乗務員が乗務する車両を除いて表24のように設置が義務付けられている。

	補足説明
	当該装置を設けた車両に限る
	車内信号機を使用する車両に限る
	パンタグラフを設けた車両に限る
	当該装置を設けた車両に限る
	保安通信設備の車上装置を設けた車両に限る
	発報信号を使用する車両に限る
	新幹線に限る
	非常通報装置または非常停止装置を設けた車両に限る
	非常口を設けた車両に限る

	補足説明
	車両を急速に停止させるためのものに限る
	当該装置を設けた車両に限る
	当該装置を設けた車両に限る
	非常通報装置または非常停止装置を設けた車両に限る
	非常口を設けた車両に限る

	補足説明

表23　乗務員室に設ける機器

1.運転室

旅客列車の運転室	左記以外の運転室	設ける設備
○	○	制御設備の操作装置
○	○	常用ブレーキ装置の操作装置
○	○	合図装置または通話装置の送受信装置
○	○	速度計
○	○	車内信号機の現示設備
○	○	パンタグラフを下降させる装置
○	○	保護設置スイッチの操作装置
○	○	保安通信設備の送受信装置
○	○	発報信号設備の警音発生装置・送信装置
○	○	汽笛吹鳴装置
○	○	元空気タンク管の圧力を指示する圧力計
○	○	前部標識灯の操作装置
○	○	車輪の回転の異常を検知する装置
○	○	ボイラーの最高使用圧力を表示した圧力計
○		非常通報装置の受信装置または非常停止装置の作動状態を表示する装置
○		非常口が開いたとき、その状態を表示する装置
○		旅客用乗降口の戸閉確認装置

2.車掌室

旅客列車の運転室	左記以外の運転室	設ける設備
○	○	常用ブレーキ装置の操作装置
○	○	合図装置または通話装置の送受信装置
○		車内放送の送信装置
○		旅客用乗降口の戸閉確認装置
○		非常通報装置の受信装置または非常停止装置の作動状態を表示する装置
○		非常口が開いたとき、その状態を表示する装置

3.鋼索鉄道の乗務員室

設ける設備
自動ブレーキ装置・留置ブレーキ装置の操作装置
原動設備の非常用ブレーキ装置を作動させる装置
合図装置または通話装置を設けた車両は、当該装置の送受信装置
車内放送装置を設けた車両は、当該装置の送信装置
保安通信設備の車上装置を設けた車両は、当該装置の送受信装置
非常通報装置の受信装置または非常停止装置の作動状態を表示する装置
非常口が開いたとき、その状態を表示する装置
自動戸閉装置の操作装置及び戸閉確認装置
汽笛吹鳴装置
元空気タンク管の圧力を指示する圧力計
前部標識灯の操作装置

表24 運転士異常時列車停止装置の設置条件

	ツーマン運転	ワンマン運転
地下式構造または高架式構造（新幹線を含む）	設置が必要 ただしATO・ATC・ATS（常に制限速度を超過するおそれのない装置に限る）により運転する車両を除く	設置が必要（地下鉄等旅客車は作動時の通報装置を含む）ただしATO・ATC・ATS（常に制限速度を超過するおそれのない装置に限る）により運転する車両を除く
同一運転室に2人以上の乗務員が乗務する車両	設置対象外	—
上記以外	設置が必要	設置が必要

各種機器類が設置された運転室（JR西日本287系）

- **乗務員室**：運転取扱いを行なう運転室・車掌室をいい、車販準備室・運転取扱いを行なわない車掌室は含まれない。またJIS規格では列車に乗務する係員（乗務員）が専用する室の総称と定められている。
・合わせガラス：2枚の板ガラスを強靭な中間膜で張り合わせたガラス。
・ATS・ATC・ATOの開放スイッチ：平成9年10月に中央東線大月駅構内で、回送電車がATS電源を切っていたため本線を走行してきた特急電車に衝突した事故の教訓から、ATS・ATC・ATOの開放スイッチが容易に扱えない構造にするよう解釈基準が改定されている。
・デッドマン装置：主幹制御器のハンドルから手を離したりペダルから足を離すことにより、一定時間経過後に非常ブレーキがかかる装置。
・EB（Emergency Brake）装置：主幹制御器やブレーキなどの機器を一定時間操作しないとき非常ブレーキがかかる装置。

第8章 車体の構造と車両の装置

● 前灯・尾灯の正しい名称は──車両の付属装置

車両には列車の安全かつ円滑な運行確保と旅客への案内連絡などが必要なことから、汽笛や標識灯をはじめ表25の付属装置を設けなければならないと省令で定められている。出発合図を車掌が行なう車両には合図装置を設けることと解釈基準に記され、知らせ灯方式や車内ブザー方式が一般に用いられている。また表中の非常停止装置は、旅客が非常時に緊急停止させ車両外に出ることにより、感電や墜落のおそれがあるサードレール式・剛体複線式電車線を運転する車両とモノレール・浮上式鉄道の車両には設けてはならないと解釈基準に記されている。

列車には列車標識を設けることと省令で定められ、車両には前部標識・後部標識（標識灯）が設けられている。標識灯は、運転室を有する車両の前面に白色の前部標識灯を車両中心面に対して対称の位置に設けること、列車の最後部の車両の後面に赤色灯または赤色反射板の後部標識を設けることと解釈基準に記され、前部標識灯は夜間に車両の前方から点灯を確認できること、列車すれ違い時を想定して減光または照射方向を変換できる構造にすることとされている。なお、前部標識は昼間時には標識を表示しない（つまり点灯しない）ことができると解釈基準に記されている。

表25　車両に設ける付属装置

	基　準
合図装置	乗務員相互間で確実に合図をすることができるものであること
通話装置	乗務員相互間で円滑に通話をすることができるものであること
気笛	危険の警告等を行うのに十分な音量を有するものであること
車内放送装置	すべての客室に放送することができるものであること
非常通報装置[*]	非常時に旅客が容易に乗務員等へ通報することができるものであること
非常停止装置	非常時に旅客が容易に車両を停止させることができるものであること
標識灯	夜間に列車の前方及び後方からその列車の進行方向を確認することができるものであること

　旧省令の鉄道運転規則で定められていた「前部標識は列車の最前部の車両の前面に白色灯一個以上、後部標識は列車の最後部の車両の後面に赤色灯または赤色円板を一個以上設けること」は現行省令では廃止されたが、新幹線鉄道の後部標識は赤色灯を2個以上、車両中心面に対して対称の位置に設けることと記されている。前部標識灯は慣用的に前灯と、後部標識灯[*]は尾灯と称されている。戦後まで前灯は1個と定められていたが、昭和30年代以降に誕生した151系こだま形や近鉄ビスタカーなど高速運転する特急車両などでは前灯を2個以上取り付けるのが当たり前になったことから、前灯を1個以上掲出すると省令などが改正され現在にいたっている。

　このほか車両の付属装置として移動円滑化基準で、客室に次停車駅名や運行に関する情報を文字表示する設備と音声で提供する設備を設けること、車体側面に行先と

第 8 章　車体の構造と車両の装置

種別を表示することが定められている。なお運行に関する情報とは、旅客が目的とする駅で降車するために必要な列車種別や行先などの情報を意味している。

前灯が3個設けられた151系こだま形電車

単語エクスプローラ
・**知らせ灯**：編成中のドアが閉じたこと（客扱いが終了したこと）を知らせる表示灯。
・**非常通報装置**：客室内で非常事態が発生した場合、速やかに乗務員と連絡通報できる装置。ただし非常停止装置を設けた場合、2両以下（鋼索鉄道では1両）で運転される場合は設置不要とされている。
・**標識灯**：列車の最前部・最後部に取り付けて、列車の前位置・後位置の区分け及び種類を識別する装置。
・**前部標識灯（前灯）**：列車の前部標識となる照明器具。慣例的に前照灯と称することもある。
・**後部標識灯（尾灯）**：列車の後部標識となる照明器具。

●車両の窓は外側には開かない——客室の構造と設備

　車両の客室は旅客に接する空間で、旅客が通常予見される行動のもとで安全を確保するため、省令で表26の基準が定められている。窓は走行時にホーム上の旅客に接触したり車両限界を超えたりしないよう外側に開くことができない構造とし、開口部下縁の床面からの高さは座席側面・背面窓は800㎜、通路に面する窓は1200㎜以上と解釈基準に記されている。側面・背面窓は座席高さと背もたれ高さが各々400㎜程度なことから800㎜とされたもので、通路に面する窓は一般的な大人が開口した窓に寄りかかっても高さが1200㎜以上あれば、身体が客室の外側に脱出しないと考えられたためである。開口部寸法は換気の観点から特に制限はないが、軌＊道中心間隔が狭い区間を運転する車両、建築限界と車両限界の間隔が小さい区間を運転する車両の開口寸法は、安全上の観点からそれぞれ200㎜、150㎜に制限されている（窓に保護棒のある場合を除く）。

　窓ガラスは安全ガラスまたはこれと同等以上の性能を有することと解釈基準に記され、十分な強度のほか損傷した場合にも旅客に危害を及ぼさないよう配慮されている。JIS規格で定められた耐熱性・耐衝撃性に適合すればよいので、N700系新幹線電車などの側窓にはポリカーボ

164

第8章　車体の構造と車両の装置

ネートが使用されている。

客室内の換気量は表27のように解釈基準に記されている。開口部面積の総和は、床面積の20分の1以上とあるのは建築基準法に、強制換気装置の換気量13㎥とあるのは劇場や百貨店の換気量勧告値に準拠したもので、定員の2倍以上の容量は最混雑時の乗車率が考慮されたものである。また新幹線鉄道など強制換気装置を設けた車両の停止中の異常時対応として、転落防止など安全上の配慮を条件に外気と接触する側引戸を開口部面積に加えることができるとされている。

客室通路の有効幅と高さは表28のように解釈基準に記されている。有効幅と高さは大人1人が容易に通行でき、大人2人がすれ違うことができるよう考慮されたもので、新交通システムなど車体幅の小さい車両は例外的に400mm以上とされている。旅客車は車両の用途や使用線区を勘案して適当な数の座席を設け、立席にはつり革・手すりなど安全を確保する設備を設けること、便所については原則としてタンク式とすることと解釈基準に記されているほか、移動円滑化基準で車いすスペースを1列車に1カ所以上設けること、便所を設ける場合は、1列車に1カ所以上は車いす利用者の円滑な利用に適した構造とすることなどが定められている。

・軌道中心間隔が狭い区間：本線の軌道中心間隔が車両限界（基礎限界）の最大幅＋600mmに満たない区間。
・建築限界と車両限界の間隔が小さい区間：建築限界と車両限界の間隔が400mm未満の区間。

表26 客室の構造

	基　準
窓	十分な強度を有し、窓を開けた場合に施設等と接触するおそれ及び旅客が転落するおそれのないこと
換気	客室内は、必要な換気をすることができること
照明	夜間及びトンネル走行時に必要な照明設備を設け、非常時にも客室内に必要な明るさを確保すること
通路	安全かつ円滑に通行することができること
立席	座席及び立席は列車の動揺を考慮し、旅客の安全を確保することができること
便所	必要に応じ便所を設けること

表27 客室の換気量

	自然換気の場合	強制換気装置を設ける場合
通常時	客室の窓等の開口部面積の総和は、当該車両の客室床面積の1／20以上とする	強制換気装置は、旅客定員の2倍以上の能力があること（1人1時間あたりの換気量は13m³とする）
主たる電源の供給が絶たれたとき		下記のいずれかとする ①強制換気装置の機能を一定時間維持できること ②客室窓のほか側引戸等を加えた開口部面積の総和は、当該車両の客室床面積の1/20以上とする

表28 客室の通路

	一般車両		軌間762mmの車両 新交通システム(注1) トロリバス
	床面から800mmより大	床面から800mm以下	
有効幅	550mm以上	450mm以上	400mm以上
有効高さ	1800mm以上		

注1：車体長8m以下の車両を示す

電動車いすにも対応した大型多機能トイレ（JR東日本E7系）

第8章 車体の構造と車両の装置

●ドアがない車両も存在する──旅客用乗降口と貫通口

旅客用乗降口は旅客が安全かつ迅速に乗降できることが求められる。旅客用乗降口は自動戸閉装置の設置が義務付けられ、同時に開閉できること、乗務員が開閉状態の確認できること、扉が閉じた後でなければ発車できないなどが省令で定められている。非常時の避難通路を考慮して、旅客車の乗降口は両側面（トロリバスは左側面）に設けることと解釈基準に記されているが、立席を設けない車両で当該車両に隣接する車両の貫通路付近両側面に乗降口が設けられた場合はこの限りでないと記されている。広島電鉄5000形（グリーンムーバー）は5車体のうち中央車体には乗降口がなく、両端車体も片側にしか設けられていないが、全長が短く貫通路幅が十分確保されており、編成全体が1つの車両とみなされている。

広島電鉄5000形グリーンムーバー

乗降口の有効幅と有効高さは表29のとおりで、乗降口の扉は引戸・内開戸（折戸を含む）・スライド式プラグドアのいずれかと解釈基準に記されているほか、移動円滑化基準で乗降口床面の高

さとプラットホーム縁端との間隔はできる限り小さいこと、1列車で1以上は有効幅800mm以上であること、乗降口床面高さとプラットホーム高さはできる限り平らであること、乗降口床面は滑りにくいこと、などが定められている。

自動戸閉装置は大正13年に誕生した阪神電気鉄道371形電車に取り付けられたのが最初で、それ以来空気式が主流だったが、近年では空気配管を削減できる電気式が用いられるようになっている。電気式についても走行中は確実に閉扉した状態を保てること、非常時のため非常用開放装置を設け、電源断時にも使用できることとされている。乗降口の扉が開いているとき自動的に点灯する表示灯を車両側面の上部に設け、車掌や駅係員が他の表示灯と容易に識別できるよう赤色とすることが記されているほか、異常時に旅客が避難できるようにするため手動により扉を開くことができる装置を設けることと記されている。いわゆるドアコックだが、車外に出ることで感電や墜落のおそれがあるサードレール式・剛体複線式電車線を運転する車両と地下式構造で建築限界と車両限界の間隔が小さい区間を走行する車両は、車両側面からの避難が可能な区間を走行する車両を除いて設置不要とされている。また乗降口に旅客が挟

表29 乗降口の有効幅と有効高さ

	有効幅	有効高さ
普通鉄道 モノレール 新交通システム 浮上式鉄道	660mm以上 （800mm以上）	1800mm以上
トロリバス 鋼索鉄道	600mm以上	1800mm以上

カッコは車いすが乗降する乗降口を示す

第8章　車体の構造と車両の装置

表30　貫通口・貫通路の設置と寸法

	貫通口数	貫通路数	貫通口・貫通路の有効幅	貫通口・貫通路の有効高さ
旅客車	1	1	550mm以上 (軌間762mmは 400mm以上)	1800mm以上
〃(専ら1両で運転する旅客車)	0	0		
地下鉄等旅客車	2	2		
〃(最前部・最後部車両)	1	1		
〃(注1)	2	2		
〃(注2)	2	2	600mm以上	
新幹線旅客車	2	2	550mm以上	1800mm以上
〃(運転室のある車両)	1	1		
モノレール・新交通システム	2	2	550mm以上	1800mm以上
〃(最前部・最後部車両)	1	1		
〃(注3)	2	2		
トロリバス・鋼索鉄道	1	1	550mm以上	1800mm以上
〃(専ら1両で運転する旅客車)	0	0		
浮上式鉄道	1	1	550mm以上	1800mm以上
〃(最前部・最後部車両)	0	0		

注1：サードレール式区間を運転する列車の最前部・最後部車両
注2：建築限界と車両限界の間隔が小さい区間を運転する列車の最前部・最後部車両
注3：剛体複線式区間を運転する列車の最前部・最後部車両

まれたまま列車が走行することがないよう、扉が閉じた状態でなければ発車できないことと定められているが、客車(鋼索鉄道の車両を含む)で係員により扉が閉じたことを直接確認する場合はこの限りでないとされている。

旅客車は、旅客が安全かつ円滑に通行することができる貫通口・貫通路を設け、施設の状況により非常時に側面から避難できない区間を走行する列車は最前部・最後部から確実に避難できることと省令で定められ、貫通口と貫通路の設置数と寸法は表30のように解釈基準に記されている。貫通路は貫通口と貫通路で構成されるので、表中の貫通口2個、貫通路2個は車両の両側に

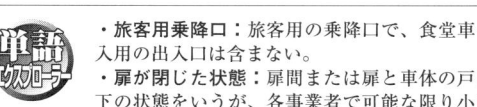

貫通路を設置することを、貫通口2個、貫通路1個は片側に貫通路を設け、もう片側は貫通タイプの乗務員室があることなどを意味している。

他の車両または外部へ脱出する経路が1カ所しかない客室には、容易に脱出できる非常口を設けることと省令で定められ、非常口の構造は、有効幅は400mm以上、有効高さは1200mm以上、外開戸または引戸（プラグドアを含む）とすることと解釈基準に記されている。有効幅と高さは大人1人がかがんで通り抜けられるよう考慮されたもので、内開戸を禁止したのは建築基準法施行令に準拠したものである。またトロリバスは左側面に旅客乗降口の設置規定があるため、非常口は右側面に設けることとされている。

幌や渡り板などが目立たない最新の貫通路（JR東日本E7系）

単語エクスプローラ

- **旅客用乗降口**：旅客用の乗降口で、食堂車や車内販売機材搬入用の出入口は含まない。
- **扉が閉じた状態**：扉間または扉と車体の戸当たり間が30mm以下の状態をいうが、各事業者で可能な限り小さい基準値を定めるのが望ましいとされている。
- **発車できない構造**：電車では主回路を遮断する構造、内燃動車では動力伝達系統を遮断する構造をいう。
- **貫通口・貫通路**：貫通口とは車体の開口、貫通路は幌・渡り板等で構成された旅客の通路をいう。
- **施設の状況により非常時に側面から避難できない区間**：サードレール式区間、建築限界と車両限界の間隔が小さい区間。

第8章 車体の構造と車両の装置

●大正末期に行なわれた世紀の大事業——連結装置

連結装置は車両と車両を連結・解放する装置の総称で、狭義には連結器・緩衝器*などの車両間前後力を伝達する装置を指し、連結器には表31のような種類がある。また、連結装置は広義には空気管や電線の連結装置も含まれる。連結装置は堅ろうで十分な強度を有し、車両等を相互に確実に結合することと省令で定められ、曲線・勾配等の路線条件や車両運用により考えられる最悪の条件下で破断・挫屈が生じないこと、振動・衝撃により解放しないこと、乗り心地向上のため機関車・救援車を除いて緩衝機能を有することなどが解釈基準に記されている。空気管の連結装置は分離すると事故防止のため非常ブレーキが動作するが、通常時に空気漏れが発生して非常ブレーキが動作しないよう、空気管の連結装置は振動・衝撃による空気漏れを生じないこと、また電線の混触・短絡が制御装置やブレーキ装置等の異常動作を誘発しないよう、電線の連結装置は雨水の浸入や振動・衝撃による混触または短絡を生じないことと解釈基準に記されている。

電気連結器は、連結した車両の引通し線*（電気回路）を接続する装置で、ジャンパ線・栓・栓受けからなる電気連結器をジャンパ連結器と称している。電車では密着連結器とジャンパ連結器が古くから使用されていたが、近年では密着連結器・電気連結器・連結締切装置などで構成され、

*かんしょうき

表31　連結器の種類

用　語	定　義
自動連結器	解放てこによって操作した場合、連結器を互いに押し合うか引き合うだけで連結・解放できる連結器
密着式自動連結器	連結面が互いに密着する機構をもった自動連結器
密着連結器	連結面が互いに密着する連結器
棒連結器	連結器の形状が特に棒状をした連結器

連環式連結器（写真は鉄道博物館に展示されている1号機関車と創業期の客車の連結部分）

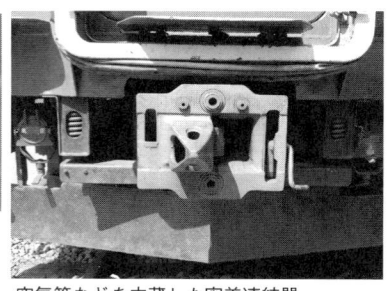

空気管などを内蔵した密着連結器

分割併合作業が容易に行なえる自動連結解放システム連結器が多く使用されている。

日本の鉄道はアメリカの技術を導入した北海道を除いて、鎖とネジで車両同士を連結する連環式連結器が創業以来使用されていたが、大正14年に自動連結器への一斉取替えが実施された。周到な計画と準備の末に完遂し、後々まで世界の鉄道関係者から称賛された自動連結器一斉取替えの偉業は、本書の読者ならご存じの方も少なくないだろう。国鉄の自動連結器高さはレール面上790mm以上890mm以下と定められていたが、これは自動連結器一斉取替え当時の車両台枠高さと、当時の諸鉄道の連結器高さは2フィート10・5インチ（≒880mm）が多かったことを考慮し、それを基準に余裕を見込

第8章　車体の構造と車両の装置

大正14年に行なわれた自動連結器への一斉取替え

んで定められたものであった。自動連結器は構造上隙間が生じるため、電車の連結運転が増加した大正期には、阪神電気鉄道などで密着連結器が導入されるようになり、国鉄電車も昭和10年代には密着連結器に取り替えられた。また京浜電気鉄道では電気栓と空気管も同時に連結する密着連結器を昭和初期から使用開始したが、電気連結器が設けられている現在の密着連結器の源流といえよう。

単語エクスプローラー
- 緩衝器：車両相互間に生じる衝撃を緩和するもの。
- 引通し線：電気連結器を用いて列車の各車両全長にわたって設けられた絶縁電線。
- ジャンパ線：電気連結器に用いる絶縁ケーブル。

●事故を教訓に進化した防災設備 ── 車両の火災対策

車両の火災対策は過去の火災事故を教訓に基準の強化が図られ、車両が出火源とならないための出火防止対策、仮に出火しても不燃化による延焼防止対策、万一の火災の場合の避難路確保など被害軽減対策といった対策がとられている。

車両の電線は混触・機器の発熱による火災発生を防ぐことができるものでなければならず、アークまたは発熱のおそれのある機器は適切な保護措置が取られること、旅客車の車体は予想される火災の発生及び延焼を防ぐことができる構造・材質であること、機関車(蒸気機関車を除く)・旅客車等には火災が発生時に初期消火できる設備を設けることと省令で定められ、表中の「発熱するおそれのある機器」は抵抗制御方式の主抵抗器など発熱量の大きい機器が該当し、「排気管の煙突部分と車体間の断熱強化」は上越線越後中里駅でのディーゼル動車

	新交通システム	浮上式鉄道	トロリバス	鋼索鉄道
	不燃性		金属製または同等以上の不燃性	―
			―	―
			―	―
			―	―
	やむを得ない場合は難燃性)		―	―
	―	―	―	難燃性
	難燃性			

174

第8章　車体の構造と車両の装置

貫通路の脇に設置された消火器（JR東日本E233系）

表32　車両の電線・機器の火災対策

		対　策
電線	アークを発生または発熱するおそれのある機器に近接・接続するもの	極難燃性の材料で覆われていること
	上記以外	難燃性の材料で覆われていること
電気機器	アークを発生または発熱するおそれのある機器	床壁等から隔離し、必要に応じてその間に不燃性の防熱板を設けること
内燃機関を有する車両		排気管の煙突部分と車体間の断熱強化を図ること（排気管の煙突部分の損耗により漏火した場合も車体への類焼を防止する構造とする）

表33　旅客車の火災対策

部　位	一般旅客車	地下鉄旅客車	新幹線旅客車	モノレール
屋根	金属製または同等以上の不燃性			
外板妻部	難燃性（表面塗装には不燃性材を使用）			
客室天井・内張	不燃性（表面塗装には不燃性材を使用）			
床板	金属製または同等以上の不燃性			
床下機器箱	不燃性（絶縁の必要があり、			
座席表地	難燃性			―
日よけ				
幌				難燃性

アルコール燃焼後			
残炎	残じん	炭化	変形
—	—	100mm以下の変色	100mm以下の表面的変形
—	—	試験片の上端に達しない	150mm以下の変形
なし	なし	30mm以下	
なし	なし	試験片の上端に達する	縁に達する変形、局部的貫通孔

の火災事故を教訓に、排気管に溜まったエンジンオイルが過熱し発火した場合の対策が考慮されたものである。

昭和47年11月に発生した北陸トンネル内での急行「きたぐに」火災事故を教訓に、機関車（蒸気機関車を除く）・旅客車・乗務員が乗務する貨物車には消火器を備え、所在場所を旅客に見やすいように表示すること、寝台車には火災報知設備を設けることと解釈基準に記されている。また旅客が安全かつ円滑に通行する観点から前述のように貫通路の設置が定められているが、火災対策の観点から地下鉄等旅客車・新幹線旅客車・モノレール・新交通システム（地下式構造の鉄道及び長大なトンネルを有する鉄道に限る）・浮上式鉄道旅客車の連結する車両客室間には、通常時閉じる構造の機能を有する貫通扉等を設けることと解釈基準に記されている。

- **予想される火災の発生**：車両機器からの出火、旅客が持ち込む煙草などの火源や新聞などの可燃物のほか韓国大邱市地下鉄火災を教訓にガソリンによる放火（大火源火災）をいう。
- **抵抗制御**：電気車の制御方式の一つで、主電動機に直列または並列に接続された主抵抗器の抵抗値を変化させて電圧制御を行なう方式。

表34 車両用材料の難燃性規格

	アルコール燃焼中				
	着火	着炎	煙	火勢	
不燃性	なし	なし	僅少	—	
極難燃性	なし	なし	少ない	—	
	あり	あり	少ない	弱い	
難燃性	あり	あり	普通	炎が試験片の上端を超えない	

== コラム⑮ == 車両用非金属材料の試験方法

車両用材料の試験方法は解釈基準に記され、不燃性・難燃性などの規格は表34のように記されている。地下鉄等旅客車の天井は、平成15年2月に発生した韓国大邱(テグ)市地下鉄の火災事故を教訓に可能な限り火災が拡大しないよう、熱放射時に対する耐難燃性を有しかつ耐溶融滴下性があることと記されている。やや難解な用語だが、前者は試験方法で定められた発熱条件下で着火までに一定時間があること、後者は試験方法で定められたアルコール燃焼後の材料表面が平滑を保っていることを意味している。またここでいう天井には、天井そのものの材料はもちろん、天井部に占める割合が比較的大きい空調吹出口や荷物棚も該当する。

●「オハネフ」の意味とは──車両の表記

車両には必要な表記をしなければならないと省令で定められ、それぞれの車両が識別できる記号番号のほか、貨物車は最大積載量、鋼索鉄道は最大乗車人員・最大積載量を表記することと解釈基準に記されている。また車両の検査・改造などを行なったときは、その記録を作成し保存しなければならないと省令で定められ、定期検査の年月・場所を当該車両に表記することと解釈基準に記されている。車両検査票は明治40年に使用開始されたといわれているが、従来は係員が表記内容を確認し検査期限を把握していた。現在でも一部の貨車は車両の表記内容を確認し使用の良否を判断しているが、近年ではほとんどの車両はコンピューターを利用して定期検査年月日・場所を管理しており、これに基づき検修計画を策定している場合は車両の表記を省略できるとされている。

鉄道事業法で、鉄道事業者(第一種鉄道事業者・第二種鉄道事業者)は事業に供する車両が省令で定める規程に適合しているか国土交通大臣の確認を受けなければならないと定められ、提出する車両確認申請書に記載する車種・記号番号を車両に表記するのが一般的である。また旧省令では記号番号のほか旅客車及び貨物車には空車重量・旅客定員及び最大積載量の表記が、新幹線

第8章　車体の構造と車両の装置

鉄道では営業主体の名称・記号を表記すると定められていたが、いずれも安全性と係わりがなく、必要性がないため現行省令では廃止されている。

≡ コラム⑯ ≡　国鉄時代の形式の付け方

車両が識別できる形式（記号番号）の体系は各事業者で異なっている。そのすべては紹介できないので、ここでは国鉄時代の形式称号を紹介したい。

機関車の記号は動輪軸数、形式数字は10～49がタンク機関車、50～99がテンダ機関車を表している。電気機関車とディーゼル機関車は動輪軸記号の前に「E」「D」を付けて表し、形式数字は10～49が最高時速85km以下、50～89が最高時速85km超、90～99は試作機を表している。つまりEH10 1というのは動輪軸8軸の貨物用機関車のトップナンバーであることを意味している。

客車は形式を表す記号＋数字と番号で表すが、記号は積車質量を表す記号と用途で表す。記号と語源は表35(1)(2)のとおりで、緩急車は記号末尾に「フ（ブレーキのフ）」を付ける。1位の形式数字は0～7が2軸ボギー車、8～9が3軸ボギー車を表し、オハネフ24 1というのは積車質量35t級の2軸ボギーのB寝台緩急車のトップナンバーであることを意味している。

電車も客車と同様に形式を表す記号＋数字と番号で表すが、積車質量を表す記号に代わって表35

（3）のような電動車・付随車などを表す記号を用いる。101系以降の新性能電車の形式数字は3桁で表し、100位は1〜3が直流、4〜5が交直流、7〜8が交流、10位は0〜2が通勤・近郊形、5〜7が急行形、8が特急形、9が試作車を表している。つまりクモハ451-1というのは451系急行形交直流電車の制御電動車のトップナンバーであることを意味している。

ディーゼル動車も客車と同様に形式を表す記号＋数字で表すが、表35（4）のような動車・付随車などを表す記号も用いる。新系列ディーゼル動車の形式数字は3桁で表し、100位は1〜2がディーゼル機関、3がガスタービン、10位は0〜2が通勤・近郊形、5〜7が急行形、8が特急形、9が試作車を表し、キサシ181-1というのは特急形ディーゼル動車の食堂付随車のトップナンバーであることを意味している。在来のディーゼル動車の形式数字は2桁で表し、10位は1〜4が1台機関付き、5が2台機関付き、6〜7が大馬力機関付き、8が特急形、9が試作車であることを意味している。キハ58 1というのは2台機関付きの急行形ディーゼル動車のトップナンバーであることを意味している。

普通車の「ハ」は旧3等級制時代の3等車が継承されたもので、昭和35年の2等級制移行に伴い旧1等車の「イ」は消滅し、旧2等車・3等車がそれぞれ1等車・2等車に改称された。続いて44年のモノクラス制移行に伴い1等車・2等車はグリーン車（A寝台）・普通車（B寝台）に改称されたことは、本書の読者ならご存じの方も少なくないだろう。こうして「イ」は永久欠番となったが、民営化直前の62年3月にマイテ49が車籍復活してJR西日本に承継されたほか、平成25年度にはJR九州「ななつ星 in 九州」で1等寝台車と1等座席車？のマイネ77・マイ77が誕生している。

第8章 車体の構造と車両の装置

表35 国鉄車両形式記号の意味と語源

(1) 客車の記号

		語　源
積車質量22.5t未満	コ	小型のコ
積車質量22.5〜27.5t	ホ	ボギー車のホ
積車質量27.5〜32.5t	ナ	中形（並形）のナ
積車質量32.5〜37.5t	オ	大型のオ
積車質量37.5〜42.5t	ス	スチールのス
積車質量42.5〜47.5t	マ	マキシマム（まったく大きい）のマ
積車質量47.5t以上	カ	格別に大きいのカ

(2) 客車の用途

		語　源
寝台車（A寝台）	ロネ	寝るのネ
寝台車（B寝台）	ハネ	同上
座席車（グリーン車）	ロ	イロハ（旧3等級制）のロ
座席車（普通車）	ハ	イロハ（旧3等級制）のハ
食堂車	シ	食堂のシ
展望車	テ	展望のテ
郵便車	ユ	郵便のユ
荷物車	ニ	荷物のニ
職用車	ヤ	職員（役人）のヤ
暖房車	ヌ	温めるのヌ
配給車	ル	配るのル
救援車	エ	援助のエ

(3) 電車の記号

		語　源
制御電動車	クモ	くっつけるのク
中間電動車	モ	モーターカーのモ
制御車	ク	くっつけるのク
付随車	サ	さしはさむのサ

(4) ディーゼル動車の記号

		語　源
ディーゼル動車	キ	蒸気動車のキ
ディーゼル制御車	キク	くっつけるのク
ディーゼル付随車	キサ	さしはさむのサ

= コラム⑰ = **旅客車の定員について**

旅客車の定員は客室内の座席数をもって定員とするが、いわゆる近距離用車両は座席数と立席数を加えたものを定員としている。座席定員は腰掛幅を旅客1人あたり占める長さ（430㎜）で割った数で、立席定員は座席用床面及び座席前縁から250㎜の床面を除いた客室床面のうち、有効幅550㎜以上で有効高さが1900㎜以上確保できる床面積を旅客1人あたりが占める広さ（0.3㎡）で割った数とJIS規格で定められ、国鉄車両の立席定員は縦形腰掛（ロングシート）の前に1～2名と出入口の広場に2～4名を加えたものと定められていた（図34参照）。

大都市圏の通勤時間帯は定員の2倍以上の乗車率も珍しくないが、鉄道営業法では「乗車券ヲ有スル者ハ列車中座席ノ存在スル場合ニ限リ乗車スルコトヲ得」とある。それでは定員オーバーは違法ではないかとの疑問が出るが、鉄道車両の定員は利用客が快適に乗ることのできる「サービス定員」であり、航空機などのようにそれ以上乗っては危険だという「保安定員」とは異なっているので違法ではない。また鉄道営業法の他の条文では係員が「旅客ヲ強ヒテ定員ヲ超エ車中ニ乗込マシメタルトキハ三十円以下ノ罰金又ハ科料ニ処ス」つまり定員を超える車中に乗車の意志がない旅客を無理やり乗せたときは罰金に処す、言い換えれば旅客が自らの意志で乗車することは問題ないと定められているのである。

第8章　車体の構造と車両の装置

ロングシートの車内（鉄道博物館に展示のクモハ101形）

図34　国鉄時代の定員算定例

クハ103　座席48＋立席88＝136

モハ103　座席54＋立席90＝144

クハ111　座席64＋立席52＝116

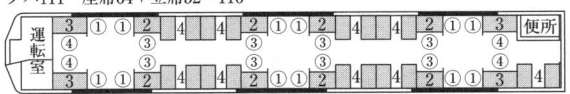

モハ113　座席76＋立席52＝128

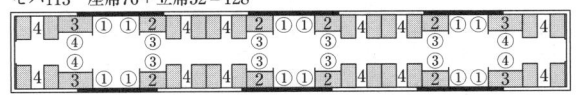

(注)図中の数字は座席数を示し、○内数字は立席数を示す。

❹ 人間よりも厳しい? 定期健診——車両の保全

車両が安全に運転できる状態であることを確認するため、新製・購入した車両及び改造・修繕した車両はこれを検査し、試運転を行なった後でなければ使用してはならないと省令で定められている。試運転は車両の使用に先立って安全に運転できる状態を確認するのが目的で、後述する定期検査実施後の機能確認や主回路など主要機器の大規模修繕後の機能確認などがあげられる。

また平成12年3月に発生した営団地下鉄日比谷線中目黒駅構内での脱線事故を教訓に、静止輪重に影響を及ぼすおそれのある改造等を行なった場合は輪重を測定し、適切な静止輪重比であることを確認すると解釈基準に記されている。

車両は列車検査と定期検査があり、列車検査は鉄道事業者が具体的な検査時期・内容を実施基準に定めて行なうこととされている。一方の定期検査は種類・構造などに応じて検査周期及び対象部位・方法を定めて行なわなければならないと省令で定められ、車両の定期検査は表36を超えない期間で行なわなければならないと告示で定められている。定期検査は、上位の検査は下位の検査を原則として代行できるほか、旧国鉄からJR各社に承継された機関車・客車・貨車の重要部検査は、電気機関車は台車検査、ディーゼル機関車・客車・貨車は交番検査として実施してき

第8章 車体の構造と車両の装置

気動車の交番検査（ＪＲ四国徳島運転所）

た経緯があることから、従来の体系が継続されている。
車両の安全を確保するため、重要部検査・全般検査の検査項目・検査方法の標準は解釈基準に記されているが、車両の構造・機能や使用状況を踏まえて各事業者で実施基準を定めることとされている。また使用を休止した車両は、その期間を定期検査の期間に算入せず延長することができるが、状態・機能検査は2カ月（蒸気機関車は40日）、重要部検査は2年（蒸気機関車は1年）、全般検査は4年を限度とされ、使用休止期間中に発生するおそれのある腐食や電気的絶縁の劣化を防止するなどの措置を講じることと定められている。

単語エクスプローラー
・**列車検査**：列車の種類及び運行状況に応じた車両の主要部分の検査で、電車・内燃動車は組成した状態で貫通ブレーキ機能の確認、パンタグラフすり板等消耗品状態の確認などがある。
・**重要部検査**：車両の動力発生装置、走行装置、ブレーキ装置その他の重要な装置の主要部分についての定期検査。
・**全般検査**：車両全般についての定期検査。
・**状態・機能検査**：車両の状態及び機能についての定期検査。

185

重要部検査（単位：年）		全般検査（単位：年）	
－	（新製後）	－	（新製後）
1	－	4	－
3	4	6	7
1	－	3	－
4年または50万km	－	8	－
4年または25万km	－	8	－
2.5	－	5	－
4年または60万km	－	8	－
1.5年または60万km	2.5年または60万km	3年または120万km	4年または120万km
1.5年または45万km	2.5年または45万km	3年または90万km	4年または90万km
2.5	－	5	－
3年または25万km	－	6	－
3.5年または25万km	4年または25万km	7	7.5
3	3.5	6	6.5
3.5年または40万km	4年または40万km	7	7.5
1.5	2.5	3	4
3	－	6	－
3.5	－	7	－

電車の重要部検査（東武鉄道南栗橋車両管区）

第8章 車体の構造と車両の装置

表36 車両の検査期間

			状態・機能検査 (単位:月)	
機関車 旅客車 貨物車	新幹線以外 の鉄道	蒸気機関車	40日	
		モノレール・新交通システム(電車)	3	
		トロリバス(電車)	1	
		内燃機関車・内燃動車	3	
		内燃機関車・内燃動車(注1)	3	
		貨車	3	
		上記以外の車両	3	
	新幹線鉄道	新幹線電車	1月または3万km	
		新幹線電車(注2)	1月または3万km	
		新幹線貨車	3	
		上記以外	3	
特殊車	新幹線以外 の鉄道	内燃機関車・内燃動車	3	
		貨車	3	
		上記以外の車両	3	
	新幹線鉄道	新幹線電車	1月または3万km	
		新幹線貨車	3	
		上記以外	3	

注1 予燃焼室式の内燃機関またはクラッチが乾式の変速機を有する車両
注2 主回路の制御方式がタップ切換方式の車両

電気機関車の台車検査(JR貨物広島車両所)

おわりに

 私事で恐縮ですが、筆者は平成25年2月に満60歳を迎え、鉄道とは無縁だった本業の東芝グループ某社を定年退職しました。「男おひとりさまの正しい歴史を後世に残す取り組みに専念できる環境が整いつつあった定年退職直前の某日、交通新聞社編集者と茶飲み話の機会がありました。
「ところで車両だけでなく鉄道全般にいえますが、現在決められている基準がなぜそうなったのか、意外と知られていないことが多いですね」
「そう、旧『普通鉄道構造規則』や国交省の技術基準で定められている事項が、なぜそうなったのか調べてみると興味深いこと多いですよ。たとえばブレーキ距離600ｍはそもそも……」
「そういう話が面白いのですよ。そういった『そもそも話』をまとめませんか」
 という会話が本書を執筆するそもそものきっかけでした。かくして執筆をはじめたのですが、恥ずかしながら鉄道の種類や定義等々多くの基本事項が十分に分かっていないことが判明しました。やむなく初歩の勉強からはじめなければならず、執筆は難行苦行の思いでした。行きつけの

188

理髪店のマスターから「円形脱毛症になっていますよ」と同情?されたことを吐露しておきましょう。

幾度も挫折しかけましたが、鉄道というシステム工学の奥深さと鉄道車両という産業技術材の奥深さと面白さを伝えたいという思いが支えとなって、運休にはならずどうにか脱稿できました。まがりなりにも刊行できたのは、ご多忙のなか快く聞取り調査に応じて下さった岩沙克次氏、国土交通省鉄道局をはじめとした各位からいただいたご指導・ご助言の賜で、この場を借りて厚くお礼申し上げる次第です。末尾ながら、刊行時期の延期のお願いなど筆者の無理な注文にご尽力いただいた林房雄・邑口亨氏に厚くお礼申し述べ、鉄道の基本事項をつづった拙文の結びとします。ご乗車有難うございました。

参考資料・参考文献 一覧

逐条解説鉄道事業法（1988年・鉄道事業法研究会）
解説 鉄道に関する技術基準・土木編（2007年・国土交通省鉄道局監修）
解説 鉄道に関する技術基準・電気編（2004年・国土交通省鉄道局監修）
解説 鉄道に関する技術基準・車両編（2006年・国土交通省鉄道局監修）
解説 鉄道に関する技術基準・運転編（2004年・国土交通省鉄道局監修）
JISハンドブック 鉄道（2002年・日本規格協会）
鉄道辞典（1958年・日本国有鉄道）
鉄道技術用語辞典（1997年・鉄道総合技術研究所編）
日本国有鉄道構造規程解説・案（1960年・日本国有鉄道建設規程調査委員会）
鉄道要覧（年度版各号・国土交通省鉄道局監修・電気車研究会・鉄道図書刊行会発行）
交通年鑑（年度版各号・交通協力会編集発行・交通新聞社発売）
日本鉄道史（1921年・鉄道省）

福原 俊一（ふくはら しゅんいち）

昭和28（1953）年2月、東京都に生まれる。武蔵工業大学経営工学科卒業。電車発達史研究家。
主な著書に「ビジネス特急こだまを走らせた男たち」「国鉄急行電車物語」「日本の電車物語」「581・583系物語」「113系物語」（ＪＴＢパブリッシング）などがある。

交通新聞社新書068

鉄道そもそも話
これだけは知っておきたい鉄道の基礎知識
（定価はカバーに表示してあります）

2014年6月16日　第1刷発行

著　者——福原俊一
発行人——江頭　誠
発行所——株式会社 交通新聞社
　　　　　http://www.kotsu.co.jp/
　　　　　〒102-0083　東京都千代田区麹町6-6
　　　　　電話　東京（03）5216-3220（編集部）
　　　　　　　　東京（03）5216-3217（販売部）

印刷・製本―大日本印刷株式会社

©Fukuhara Syunichi 2014　Printed in Japan
ISBN 978-4-330-47314-7

落丁・乱丁本はお取り替えいたします。購入書店名を明記のうえ、小社販売部あてに直接お送りください。送料は小社で負担いたします。

交通新聞社新書　好評既刊

- ジャンボと飛んだ空の半世紀——"世界一"の機長が語るもうひとつの航空史　杉江 弘
- 15歳の機関助士——戦火をくぐり抜けた汽車と少年　川端新二
- 鉄道落語——東西の噺家4人によるニューウェーブ宣言　古今亭駒次・柳家小ゑん・桂しん吉・桂梅團治
- 鉄道をつくる人たち——安全と進化を支える製造・建設現場を訪ねる　川辺謙一
- 「鉄道唱歌」の謎——♪汽笛一声"に沸いた人々の情熱　中村建治
- 青函トンネル物語——津軽海峡の底を掘り抜いた男たち　青函トンネル物語編集委員会／編著
- 「時刻表」はこうしてつくられる——活版からデジタルへ、時刻表制作秘話　時刻表編集部OB／編著
- 空港まで1時間は遠すぎる!?——現代「空港アクセス鉄道」事情　谷川一巳
- ペンギンが空を飛んだ日——IC乗車券・Suicaが変えたライフスタイル　椎橋章夫
- チャレンジする地方鉄道——乗って見て聞いた「地域の足」はこう守る　堀内重人
- 「座る」鉄道のサービス——座席から見る鉄道の進化　佐藤正樹
- 地下鉄誕生——早川徳次と五島慶太の攻防　中村建治
- 東西「駅そば」探訪——和製ファストフードに見る日本の食文化　鈴木弘毅
- 青函連絡船物語——風説を超えて津軽海峡をつないだ61マイルの物語　大神 隆
- 鉄道計画は変わる。——路線の「変転」が時代を語る　草町義和
- つばめマークのバスが行く——時代とともに走る国鉄・JRバス　加藤佳一
- 車両を造るという仕事——元営団車両部長が語る地下鉄発達史　里田 啓
- 日本の空はこう変わる——加速する航空イノベーション　杉浦一機